Bier

Udo Pini

Bier

Feierabend

Inh

Mommsenstraße 43, D-10629 Berlin

Projectleiding Nederlandstalige editie: Bettina Freeman
Vertaling: Gerrit J. ten Bloemendal (voor Bookwerk®, Keulen)
Redactie: Geert J. Lemmens (voor Bookwerk®, Keulen)
Zetwerk: Roman Bold & Black, Keulen
Concept, coördinatie, teksten: Redaktionsbüro Udo Pini, Hamburg
Fotoredactie, documentatie: Nicola Kossel
Vormgeving: Lutz Jahrmarkt, Drage
Lithografie: kölnermedienfabrik, Keulen
Druk en bindwerk: poligrafici calderara spa

Printed in Italy
ISBN 3-936761-76-0
66-04013-1

oud

Wel bekome het u!

Ook van bovenaf gezien zijn zulke bieren geen proletarische dorstlesser meer, maar al lang specialiteiten die ons voor de keus plaatsen: dorst, honger, nieuwsgierigheid – biergenot?

Bier is, als...

Bier is, zoals nog zal blijken, al meer dan 6000 jaar oud. En toch zo verfrissend, dat het niet alleen als grote zege van de mensheid te beschouwen is over ontaarde wilde gisten, maar ook als cultuurbegeleider en verbindend element tussen mensen. Bier is zo goedaardig als de meeste bierliefhebbers die bewijzen hoe karaktersterk ze zijn jegens een zwak alcoholgehalte. Dat bier ooit eens een luxe drankje zou worden of op eigen, verrassende kracht letterlijk en figuurlijk sprakeloos maakt, is wat de kenner zoekt. En een jonge generatie, voor wie een nieuwe wereld vol 'avontuurlijke' bieren werd gecreëerd, alleen maar nieuwsgierig maakt. Maar tenslotte drinkt iedereen het bier dat het best bij hem of haar past.

In birra veritas

Een Belgische Belle-Vue Kriek met een metalen korfje is voor traditionalisten een zoet kersenbier, maar voor geïnteresseerden een zurige lambiek met een licht fust- en kersachtig aalbesaroma. Voor nieuwsgierigen heeft de internationale biermarkt veel nieuwe flessen met verrassende specialiteiten te bieden. Enerzijds de fruitbieren, anderzijds Triple Bock, Real Ale of Ur-Pilsener.

Koningsdorst

De Zweedse koning Carl Gustaf en koningin Silvia brachten in 1995 een bezoek aan de Tsjechische brouwerij Budweiser Budvar en nipten beschaafd aan dit traditionele bier dat anderen graag snel achteroverslaan.

Burgerdorst

Bij dorst zijn bierpullen de beste hulp, een teug uit de fles lest de dorst het snelst en een beer-to-go uit een kartonnen bekertje van een pub is ook nog lekker na sluitingsuur. Wie een 'stange' (fluitvormig glas) bier te snel leegdrinkt, kan net als de voormalige kanselier Kohl de vraag stellen of het glas nu half leeg is of zelfs nog half vol.

Mensen

en bieren

Prinsendorst

Het bierimago van Beieren spreekt voor zich, en in Groot-Brittannië is prins Charles als 'Bierdrinker van het jaar 2002' de meest prominente pleitbezorger van de aloude pubcultuur.

Je kunt er slokje voor slokje van genieten, je kunt het pimpelen, het pakken, **achteroverslaan,** hijsen, als kind proberen en later niet willen missen – bier is al eeuwenlang een levensbegeleider en heeft als mondiale drank zelfs een **premiumimago** verworven.

bira
interlinguaal

bil
Volapük

biro
in Ido

⠃⠊⠑⠗
in braille

biero
in Esperanto

ab'jo
in Iran (Farsi)

alus
in Letland en Litouwen

beer/ale
in Groot-Brittannië

beera
in Israël

beereh (birae)
in het Arabisch

beoir
in Ierland (Gaelisch)

bere
in Roemenië

bia
in Thailand, Vietnam

bia/pombe
in Swahili

Bier
in Duitsland,
in Oostenrijk,
in Zwitserland (deels)

bier
in Nederland en Zuid-Afrika (Afrikaans)

bière
in Frankrijk

biiru
in Japan

bir
in Indonesië, Maleisië en in het Jiddisch

bira
in Bulgarije

„Bier internationaal

Proost!

Het 'export'-bier dat Europa ooit naar alle andere delen van de wereld verscheepte, was overal welkom en concurreerde daar voortaan met de inheemse bieren.

bira
in Turkije

bîre
in het Koerdisch

birra
in Italië

birrë
in Albanië

biyar/jad
in Nepal

cerevisia, cervisia
in het Latijn,
in het Vaticaan

cerveja
in Portugal

cerveza
in het Spaans
(overal ter wereld)

cerveja/cervexa
in Galicië

garagardoa
in het Baskisch

cervesa
in het Catalaans

cwrw
in Wales

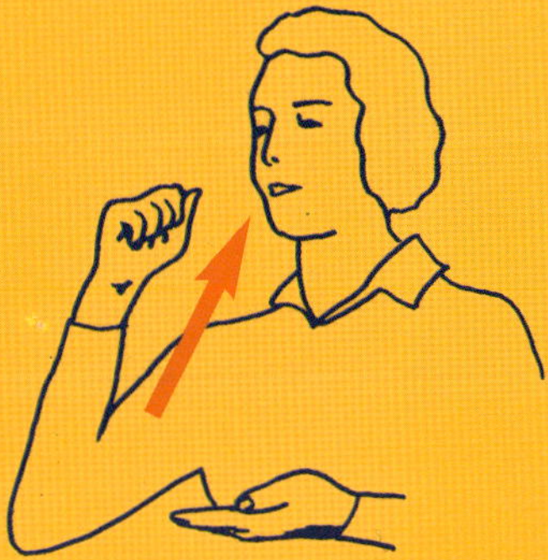

in Gestuno

jij
in Tsjetsjenië

leann, lionn, beòir
in Schotland
(Gaelisch, Scotch)

mek-ju
in Korea

mpira, tzythos
in Griekenland

öl
in Zweden

øl
in Denemarken en Noorwegen

öl, bjór
op IJsland

õlu
in Estland

olut, kalja
in Finland

pi jiu
in China (Mandarijn)

pia
op Hawaï

piva
in Wit-Rusland

pivo
in Rusland,
Servië, Slowakije,
Oekraïne,
in Slovenië,
Azerbeidzjan,
Kroatië en Tsjechië

piwo
in Polen

serbesa
Tagalog (Filippijnen)

sör
in Hongarije

utshwala
voor Zoeloes

vuola
in Lapland
(in Samisch)

De wereld van de bierwoorden

Waar wilde gisten zich op suikers stortten, ontstond bier – overal ter wereld. In Vroeg-Soemerische tijden heetten vergiste bierbroden 'bapir', de drank zelf 'kasch', een naam die bij de Slaven als gegiste 'kwass' overleefde. Het Akkadische 'bapiru' werd verkort tot 'piro', waaruit blijkbaar het Oost-Europese 'piwo' ontstond. De herkomst van de Midden-Europese woorden 'bier/beer/bière/birra' is onduidelijk, misschien zijn ze afgeleid van het Oost-Latijnse 'biber' (drank), maar ook het Germaanse 'beuza' (opschuimen) komt in aanmerking; zeker is wel dat 'bhr' en 'bher' aan de wieg staan van de woorden brouwen/most. Uit het Germaanse 'alut' (bitter) voor bier zonder hop ontstond het Engelse woord 'ale' en het Scandinavische 'öl/øl'. Als vierde Europese bierwoord wist zich in de Romaanse talen het Latijns-Keltische 'cervisia' (naar de godin van het graan, Ceres), te vestigen, het huidige Spaanse 'cerveza'.

das fúran allenthalben en in vn
auff dem Lannde/zů kainen
lain Gersten/Hopffen/vñ w

Hop

Onder de groene vruchtkegels van de noordelijke liaan, een hennepplant, verbergt zich de lupuline. Dit zogenaamde hopmeel bevat natuurlijke bitterstoffen en belangrijke schuimvormers.

Water

Voor het brouwen, mouten, reinigen en koelen is erg veel water nodig. Bier zelf bestaat voor 92% uit water. Lichte biersoorten worden van zacht of ontkalkt water gemaakt; op eigen bronnen zijn brouwers heel trots.

De schijf

ern Stetten/Märckthen/vñ
Pier/ merer stück/ dañ al-
asser/ genomen vñ gepraucht

Gemoute gerst

Bier kan van elk graan worden gemaakt, maar gerst geniet de voorkeur. Nadat de gerst enkele dagen heeft kunnen ontkiemen ('groene mout'), wordt dit proces gestopt door droging in een oven zodra er voldoende enzymen zijn ontstaan. Hoe heter en langer wordt gedroogd, hoe donkerder de mout en de kleur van het bier.

Gisten

Deze minuscule brouwhulpjes zetten de suiker van de gemalen en weekgekookte mout (beslag) om in alcohol en koolzuur. Daarna zinken de ondergistende gisten naar de bodem, de bovengistende drijven als schuim boven op het wort.

Als Europese boeren in de 16e eeuw de hop niet zouden hebben ontdekt, dronken we tegenwoordig nog steeds afgrijselijke biersoorten met allerlei smaakverbeteraars. Hop, een inheemse lianensoort, verleent het bier prikkelende en bekoorlijke bitterstoffen die in de vrouwelijke vruchtkegels voorkomen. Bovendien maakt hop het bier houdbaar en doet het samen met het koolzuur waarover het bier zelf beschikt, schuimen. En sinds natuurlijke wilde gisten geen toevalsbier meer produceren of bederven, is brouwen een heel schone, zuivere en dankzij de reine gistculturen een betrouwbaar industrieel proces geworden. Het sinds 1516 in Beieren bestaande, maar tegenwoordig niet meer verplichte 'reinheitsgebot' (zuiverheidswet) staat nog steeds garant voor de goede naam van vele bieren. Je hebt er tenslotte maar vier ingrediënten voor nodig.

van bier

De lekkerste slokken v

Een Bass

IJskristallen van een Britse Pale Ale glinsteren in het gepolariseerde licht van een fotomicroscoop van een onderzoeker van de Florida State University.

Een Beck's

Ultradunne ijskristallen van het volgens het 'reinheitsgebot' gebrouwen bier uit Bremen tonen heel fijne details langs hun smeltgrenzen dankzij dubbele breking in het gepolariseerde licht van de fotomicroscoop.

an de biermicroscopie

Pilsener Urquell

De details van de structuur rondom de kristallisatiekernen van het eerste lichte, ondergistende bier ter wereld zijn bijna driedimensionaal.

Samuel Adams Triple Bock

Dit zware bier uit Boston (VS) rijpt vier jaar lang in een eiken fust en vertoont zelfs in zijn ijskristallen nog een indrukwekkende kracht.

Wereldkampioenen

Elk land heeft zijn trots, heeft nationale records of mensen die ze voortdurend breken. Wat de bierconsumptie per hoofd betreft, lijken de koplopers volstrekt onbereikbaar. De Tsjechen die het pils anno 1842 uitvonden, zijn bierstatistisch gezien wereldkampioen. De Ieren, uitvinders van 'black stuff', Guinness, zijn tweede. Pas daarna komen de Duitsers, de uitvinders van gevraagde soorten als bokbier en organisatoren van de grootste bierevenementen. In de landen van noordelijk Europa en in de VS geniet bier de voorkeur boven wijn. In zuidelijke regionen is dit net omgekeerd, maar de kloof wordt kleiner. Vooral het warme Australië lijkt op nieuwe records af te stevenen.

Drinkberoerte

Lange tijd was het goed voor de nationale reputatie om tot de zuiplappen van de wereld te horen. Intussen daalt de bierconsumptie overal ter wereld en de Duitsers, de 'biervernietigers', hebben hun koppositie inmiddels moeten afstaan aan de Tsjechen en de Ieren.

Bier van de buren is lekkerder

Nationale biertrouw is im Europa maar bijzaak

Het moutproces

Dit is het geheim van het deels openbreken van zorgvuldig uitgezochte gerst, van het op tijd stoppen van het ontkiemen met behulp van warmte (drogen) en de mate van warmte, die samen later de smaak en de kleur van het bier zullen bepalen.

Beslag maken

Het fijngemaakte mout wordt met heet water gemengd: het beslag. Dit beslag wordt gedoseerd verhit waardoor suikers aan de enzymen worden onttrokken.

Het brouwproces

Het suikerrijke beslag wordt in koperen of stalen ketels (beslagton) gekookt, voorzien van hop of van andere smaakmakers, afgekoeld, gefilterd en als wort overgeheveld naar de gistkuip waar de gisten zich te goed doen aan de suiker.

Het gistproces

De giststammen zetten suiker om in alcohol en koolzuur en alnaargelang de brouwtemperatuur en giststammen worden er ondergistende of bovengistende bieren door verkregen.

Kunst met een kleine k of grote K:

brouwen

“Wasserreich und hopfenarm / ist ein Bier, dass Gott erbarm!” (Duits gezegde: veel water en weinig hop / is een bier om medelijden mee te hebben!) De volksmond heeft slechte bieren altijd al versmaden en er zelfs **opstanden** voor over gehad. Het brouwen van bier is naast de ervaring en het vakmanschap al lang een exacte wetenschap geworden, met hoogwaardige fabrieksgrondstoffen, veel **hightech** – en een hoed vol trucjes. Dit maakt van brouwmeesters en product managers strategen die voortdurend nieuwe bierideeën ontwikkelen. Tegenwoordig wordt er systematisch voor bepaalde **doelgroepen** gebrouwen en heftig geëxpandeerd. Multinationale concurrentie kan schade berokkenen aan het kleinschalige brouwen en leidde al tot verschraling van de diversiteit aan biersmaken op de massamarkt. Ondanks de vele technische hulpmiddelen blijft bierbrouwen een ambachtskunst met een lange traditie en bij goede bieren een sensorische topprestatie van de neus van de bierbrouwer.

De grote kleintjes:

Met publiek

In de kleine brouwerij Feierling in het Zuid-Duitse Freiburg genieten de gasten al van het eindproduct, terwijl de brouwmeester aan de beslagton de voorraad alweer staat aan te vullen.

Eerst had men niet meer dan een glimlach over voor deze minibrouwerijen met hun tapkast ernaast, maar sinds 1981 nam het respect in de VS snel toe voor deze 'microbrouwerijen' met hun specialiteiten. Omdat ze klein en ambitieus op kwaliteit uit waren, kregen hun brouwmeesters als brouwartiesten de eretitel 'craft brewers'. De afgunstige concurrentie stak aanvankelijk nog een stokje voor hun groei, maar intussen zijn er geen beperkingen meer. De 'brewpubs' zijn niet meer verplicht om de helft van de productie ter plekke te tappen en de rest duur te verkopen. Sinds de microbrouwerijen de allerbeste bieren maken, is alles geliberaliseerd. In Portland (VS) zijn er al zo veel van dat het al het 'München aan de Willamette' wordt genoemd.

Microbrouwerijen

Met creativiteit

In de microbrouwerijen is de brouwmeester koning en uitvinder van de kleurrijke speciale bieren, van Stout tot Pale Ale, voor het eigen café.

Met hightech

De kleine brouwerijcafés doen technisch gezien niet onder voor hun grote con-curренten; de VS voerden in 1981 de eretitel 'microbrewery' in.

Coca-Cola heeft het voorgedaan, de grote brouwerijen durven het na te doen: de wereld veroveren met één enkel merk, gebotteld in vaten, flessen of blikjes. De mondiale **brouwerijverstrengelingen** zijn bijna niet meer te doorgronden, en ervaren toeristen weten welke merken inmiddels overal verkrijgbaar zijn. Tegenover de lichte en gemakkelijk drinkbare massabieren zetten de regionale brouwers hun specialiteiten. Maar net als 'de groten' willen ook zij gewoon van het mondiale gebeuren profiteren.

Mondiale bieren

Bierreuzen

Sommige nationale merken zijn continentale en internationale massabieren geworden. Schouder aan schouder komen ze uit: de VS, Zuid-Afrika, Australië, Nederland, Japan en Brazilië.

FOSTER'S
AUSTRALIA'S FAMOUS BEER
F
GEBRAUT IN DEUTSCHLAND
MINDESTENS HALTBAR BIS ENDE:
TRADE MARK
Heineken
IMPORTED
THE ORIGINAL QUALITY
THE ORIGINAL QUALITY
HEINEKEN BEER
DIPLOME D'HONNEUR AMSTERDAM 1883
TRADE MARK
Heineken
EST.
MEDAILLE D'OR PARIS 1875
GRAND PRIX PARIS 1889
HORS CONCOURS MEMBRE DU JURY PARIS 1900
PREMIUM QUALITY
NACH DEM DEUTSCHEN REINHEITSGEBOT GEBRAUT
KIRIN ICHIBAN
KIRIN'S PRIME BREW
KIRIN'S PRIME BREW
ALC 5.5%VOL
330 mle
KIRIN ICHIBAN
一番搾り
Aprecie com Moderação
Cerveja Pilsen
600 ml

6000 jaar

Rond 4000 v.Chr. wordt het bierbrouwen voor het eerst op Soemerische kleitabletten afgebeeld **rond 3400 v.Chr.** ontstaat de oudste afbeelding van bierdrinkers op een Iraakse vaas **in de 3e eeuw v.Chr.** ontstaat het Gilgamesj-epos waarin de oermens 'Enkidu' pas na de consumptie van bier en brood een echte mens wordt **rond 1700 v.Chr.** wordt het bierbrouwen en tappen in Babylonië meestal door vrouwen bedreven, en wordt de consumptie in de Codex Hamurabi in spijkerschrift geregeld (voor arbeiders 2 liter per dag, ambtenaren 3 liter, bestuurders en priesters 5 liter) **rond 1600 v.Chr.** wordt op een Oud-Egyptisch kleitablet een brouwerij beschreven (het teken voor maaltijd was 'bier + brood') de zoete smaak is afkomstig van dadels, anijs, saffraan en honing **in 353 n.Chr.** belandt een stenen kruik met Romeins bier onder het puin van een citadel en 1600 jaar later in een museum in Mainz **uit 764** stamt de oudste overlevering van de hopteelt in Duitsland **uit 815** dateert het oudste bewijs van het bierbrouwen in München

in 1040 wordt de bierbrouwerij Weihenstephan bij München opgericht; thans de oudste nog producerende brouwerij ter wereld **in 1294** overlijdt 'koning Gambrinus' alias Jan Primus, Hertog van Brabant, buitensporige bierdrinker, minnezanger en rokkenjager, bij een bierwedstrijd **in 1351** wordt in Einbeck voor het eerst een bokachtig zwaar bier gebrouwen **in 1516** wordt het 'reinheitsgebot' voor heel Beieren ingevoerd en in 1906 voor heel Duitsland (tot 1987, daarna facultatief) **1589** is het jaar van oprichting van het Hofbräuhaus in München (met publiekelijk tappen vanaf 1828) **in 1592** wordt voor het eerst Europees bier vanuit Frankrijk naar de VS uitgevoerd **in 1605** wordt in München voor het eerst witbier gebrouwen **in 1680** wordt voor het eerst Berliner Weisse vernoemd **in 1759** richt Arthur Guiness zijn brouwerij op voor Porter-bier **in 1785** laat de Brit J.Bramah zijn voor pubs typische 'beer pump handle' patenteren **in 1810** vindt in München het eerste Oktoberfest plaats op de latere 'Theresienwiese' **in 1842** wordt het

bier

eerste pilsener bier in Pilsen getapt **in 1873** ontwikkelt Linde een koelapparaat waarmee ondergistend bier houdbaar (lager) wordt en zodoende het hele jaar door kan worden gebrouwen **in 1876** presenteren E. Anheuser & Co. hun 'US-Budweiser' **1880** is tot vandaag het jaar gebleven met het hoogste aantal commerciële brouwerijen wereldwijd **in 1888** verschijnt 'Forster's beer' op de Amerikaanse markt **in 1892** wordt in de VS een patent genomen op een nieuwe 'capping machine' (100 flessen/minuut), worden de kroonkurk en het bierviltje uitgevonden, duiken voor het eerst glazen bierpullen op en wordt het eerste 'Wies'n-bier' gebrouwen: dubbelbok, maar licht van kleur **in 1922** is de Beierse waard Franz Xaver Kugler bijna door zijn bier heen; hij lengde het aan met limonade en creëerde op deze wijze een 'radler' **in 1933** eindigt het 'Noble Experiment' van de Amerikaanse drooglegging: 22 staten en 100 districten blijven 'droog' **in 1935** heeft het eerste bierblikje ter wereld, Kruger's Finest uit Newton/New Jersey, nog een blikopener **in 1963** krijgen Amerikaanse blikjes een 'pullring' om ze mee te openen **de jaren 70** worden de computerjaren van de brouwerijen, en vanwege radicale veranderingen op de markt verdwijnt er voor het eerst een groot aantal brouwerijen **in 1973** vindt de eerste bierblikjesregatta plaats

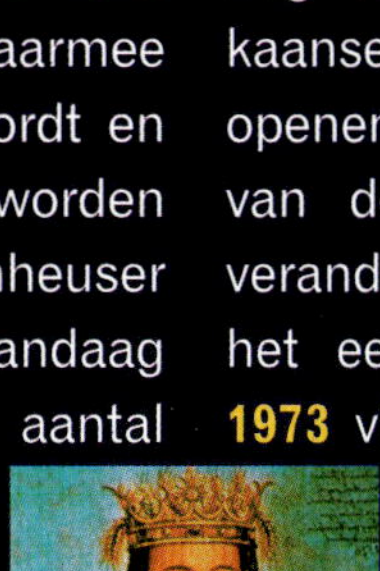

in Darwin (Australië) en **in 1978** zeilt de Can-Tiki (15.000 blikjes) naar Singapore **in 1975** krijgen de blikjes 'stay on tabs' **in 1986** bereikt de mondiale bierproductie voor het eerst de grens van 1 miljard hectoliter **in 1988** componeert de Tsjech J. Vejvoda de 'Beer Barrel Polka' ('Roll out the Barrel...') **in 1993** wordt in Faversham (GB) de grootste fles ter wereld (2,54 m, 625,5 liter) gevuld **in 1995** mogen Amerikaanse brouwerijen voor het eerst sinds 60 jaar weer het alcoholgehalte op het etiket vermelden, en Britse brouwerijen gebruiken voor het eerst genetisch veranderde gisten **in 2000** brouwde de Boston Beer Company het zwaarste bier ter wereld: Samuel Adams Millennium« met 20% vol. alc.

De geur...

1 AROMATISCH, WELRIEKEND, FRUITIG, BLOEMIG

als alcohol:
kruidig
wijnachtig
als oplosmiddel:
plastic
lak
aceton
als ester:
rijpe bananen
rijpe bewaarappels
snoepjes
als fruit:
citroen
appel
banaan
zwarte aalbes
meloen/groene mout
peer
framboos
aardbei
als acetaldehyde:
groene appel
groen loof
als bloemen:
rozen
geranium
anjers/geparfumeerd
als hop:
gekookte hop
ongekookte hop
hopbloem

2 HARSIG EN GRASSIG

als hars:
houtig
als noten:
walnoot
kokosnoot
boon
amandelen
groen, als gras:
grassig (vers gemaaid)
hooiachtig

3 GRAANACHTIG (RAUW)

als graan:
stroachtig, kafachtig
maïsgriesachtig (polenta)
als mout:
moutig
als kruiden:
bierkruidig

4 GEROOSTERD

als karamel:
karamelachtig
dropachtig
als verbrand, branderig:
broodkorstachtig
gebrande gerst
rookwaarachtig
als fenol:
teerachtig, harsachtig
apotheekachtig
jodoformachtig

5 CARBOLACHTIG

als carbol:
teerolieachtig, carbolachtig

6 ZEPIG, VETTIG, OLIEACHTIG

als vetzuren:
vettig, talkachtig
kazig
zweetachtig
ranzige boter
als diacetyl:
boterig
toffeeachtig
als ranzig geworden:
ranzige olie
als olie:
plantaardige olie
aardolie

7 ZWAVELACHTIG

als sulfide:
zwaveldampachtig
als zwavel:
verrotte eieren
knoflookachtig
verschroeid rubber
garnaalachtig
als gekookte groente:
selderieachtig
vers hooi
kool
zoete maïs (gekookt)
tomaatachtig (gekookt)
gekookte ui
als gist:
vleesachtig

8 GEOXIDEERD, OUD, MUF

als verouderd, kattenpisachtig:
sherry- of madera-achtig
kattenpisachtig
aalbessenblad-achtig
als papier:
toastachtig
papierachtig, kartonachtig
als leder:
leerachtig
als schimmel:
gronderig
muf

9 ZUUR

als zuur:
zurig
azijnachtig
dikke melk

10 ZOET

als zoet:
honingachtig
vanilleachtig
jamachtig
stroopachtig

11 ZOUTIG

als zout:
zoutig

... en de s

12 BITTER
als bitter:
bitter

13 MONDGEVOEL-VOL
als alkalisch:
zeepachtig
als mondvullend:
crèmig
als metaal:
metalig
als astringent:
droog
als stof:
stoffig
als pikant:
flauw
sterk prikkelend
pikant
als warm:
verwarmend

14 VOLMONDIG
als met body:
waterig
ietwat leeg
volmondig
zwaarlijvig
breed

maak

De vele smaken van bier: afgerond, naklinkend, evenwichtig, breed, fijnbitter, glad, harmonisch, hard, gistig, wrang, karamelachtig, kleverig, moutig, moutig-bloemig, zwaarlijvig, metalig, mild, niet mondklevend, olieachtige afdronk, snel naklinkend, rokerig, zuiver, rond, fluwelig, zwaar, lekker, lieflijk, volmondig of heel zacht…

Vaklui, bierproevers en kenners vellen hun sensorische oordelen volgens de European Brewery Convention (EBC) aan de hand van de criteria van de linker bladzijde. Net als bij alle andere sensorische proeven van andere genotmiddelen wordt eerst met de gevoelige neus beoordeeld voordat de tong en het gehemelte iets mogen proeven. Daarom zijn bij bierproeven meestal ook heel kleine hoeveelheden voldoende. Wie daarentegen recordhoeveelheden uit reusachtige pullen drinkt, verdoofd zijn smaakpapillen vrij snel en wil gewoonweg te veel.

De kleuren van

Het oog drinkt altijd mee, want alleen door ervaring weet, ziet en proeft de kenner dat van zacht carbonaatarm water lichtere bieren worden gemaakt, van harder en carbonaatrijker brouwwater eerder donkere bieren. Bepalend voor de kleur van een bier

Licht

Van licht en snel gedroogde mout worden lichtgele, heldere bieren als export of lager gemaakt, die in Duitsland 'helles' worden genoemd. Vooral het zeldzame 'eisbier' is zo licht van kleur.

Lichtgeel

Van licht mout wordt een bovengistend, hoppig Kölsch gemaakt, zo helder als 'Kristallweizen', maar ook dikwijls pils.

Goudgeel

Bieren die met pilsmout zijn gebrouwen, zijn soms zo diepgeel als sommige pilssoorten, lichtere Pale Ale en sommige Weizen of Weissbier.

Barnsteen

De diepe bierkleur is kenmerkend voor vele Altbieren, lichte bokbieren, festbier van bijvoorbeeld het Oktoberfest, Pale Ale en soms ook voor sommige Weizen.

in het glas is de soort mout en de verwerking ervan, dus temperatuur en duur van het droogproces van de ontkiemde gerst: “Koel en sneller maakt bier helder, lang en veel gloed donkert heel goed”. Voor sommige effecten is het al voldoende als er kleurgevende mout wordt toegevoegd. Ervaren brouwmeesters kennen de knepen van het vak en kunnen naar het heet in een vreemd brouwhuis al aan de mout en het beslag ruiken welke kleur het latere bier zal krijgen.

Geel

De signaalkleur is typisch voor de meeste ale, een Kölsch, voor een pils of een koele helles.

Diepgeel

Sommige Weizen of Weissbier zijn soms net zo donker als sommige Kölsch of Engelse Pale Ale.

het bier

Zwart

Speciale donkere en gebrande mout maakt bier zo zwart. Deze bieren staan

Termen voor typen

Het begrip bier tooit alle dranken waarvan gisten de suiker die uit het moutige basismengsel ontstond, hebben omgezet in alcohol. Stokoude brouwtrucs, vakbekwaamheid en veel hightech hebben ertoe bijgedragen dat in luilekkerland diversiteit troef is.

Abdijbier, kloosterbier
Regionaal bier dat in oude kloosters door nonnen of monniken wordt gemaakt of wordt uitbesteed aan contractbrouwerijen. Het bekendst zijn de Belgische trappistenbieren.

Ale
Bovengistend Angelsaksisch bier met 3–11% vol. alc. in alle kleurschakeringen. Een Real Ale wordt gebrouwen volgens oude methode: met nagisting op vat of fles. Het best op kamertemperatuur en met weinig koolzuur. Kenners onderscheiden tussen Brown Ale, India Pale Ale (voormalig Colonial Ale, thans zeer gevraagd in VS), Mild Ale (weinig alcohol), Pale Ale, English Brown, Old Ale (heel donker), Bitter Ale, Cream Ale (vaak versneden met lager) en Barley Wine. Scottish Ales zijn meestal donkerder, moutiger en Light, Strong, Export of Heavy (zelden). De uitstekende alesoorten zijn regionale specialiteiten en worden ondersteund door een Real Ale-campagne.

Alt
Traditioneel bier uit de Duitse streek Nederrijn met ca. 4,8% vol. alc., gebrouwen volgens 'oude' bovengistende brouwmethode (zonder bijzondere koeling), met een sterke hopsmaak en een kleur van donker barnsteen.

Barley Wine
Bijzondere variatie van een zware, moutige of bovengistende ale met meer dan 6 % vol. alc., wat kenners graag als dessertbier drinken.

Bitter (Ale)
Brits standaardbier dat in het begin van het gebruik van hop als nieuw 'bitter' werd beschouwd. Met iets koolzuur en alcohol is het eigenlijk licht van smaak, en het is het meest gevraagde 'draught beer' geworden.

Bokbier
Ondergistend zwaar bier, oorspronkelijk (1378) uit Einbeck (als Ainpockisches bier), met een moutsmaak en ten minste 7% vol. alc. Het wordt gebrouwen als Mai-, Winter- of Festbock. Met een hoger alcoholgehalte is het een dubbelbok, in de VS is er zelfs een nog zwaardere 'triple bock'.

Dunkles
Ondergistend bier met 4,8% vol. alc., een lager dat door gebruik van gebrande mout donker wordt.

Export
Marketingnaam voor lichte (lager-)bieren uit Duitsland, die onder namen als DAB en DUB enorm succesvol werden, ook in Amerika.

Gierstbier
West-Afrikaans, licht alcoholisch bier waarvan de mout niet van gerst of tarwe afkomstig is, maar van gierst (sorghum).

Gueuze
Bijzondere variatie van de Belgische lambiek, die door het gebruik van wilde gisten een wijnachtig karakter heeft. Er worden vele variaties gemaakt door vruchten te laten meegisten en er koolzuur aan toe te voegen.

Helles
In Duitsland is dit meestal een lager, export of een pils met 4,6–5,6% vol. alc., een goed alternatief voor Alt- of zelfs Schwarzbier.

Icebeer, eisbier
Bier waaraan water wordt onttrokken met behulp van de ice-rifing-methode (bevriezen), wat bevorderlijk is voor de concentratie van de aroma's. Zo wordt ook het zwaardere eisbockbier gemaakt.

Kölsch
Bovengistend bier met ca. 4,8% vol. alc. en beschermde herkomstbenaming voor Keulen en omgeving. In het café van de vakkundige 'Köbes' (de kelner) wordt hij als een ring van 'stangen' op een 'kranz' geserveerd en snel leeggedronken.

Kriek
Fruitige Gueuze dankzij meegegiste kersen (kriek), in feite een Kriek Lambiek.

Lager
Ondergistend, met behulp van koeling gebrouwen licht bier, minder sterk gehopt dan een pils. Wordt vaak 'helles' genoemd. Komt ook in donkere vorm voor, die meer naar mout smaakt. De naam heeft hij te danken aan de betere houdbaarheid (lageren).

Lambiek
Belgisch bier met een deel tarwe en gegist met wilde gisten, genoemd naar het Belgisch dorp Lambeek. Het bier rijpt in houten vaten en heeft een wijnachtige smaak, de reden waarom er ook vaak Gueuze van wordt gemaakt.

Märzen, Festbier, Wies'nbier
Ondergistend bier met 4–5 % vol. alc., dat vroeger tot diep in de zomer in natuurijskelders lagerde en met behulp van speciale mouten zacht werd gemaakt. Het goudgele en donkere bier wordt ook wel Oktoberfestbier genoemd.

Maïsbier
Bier waarvan het mout van maïs afkomstig is in plaats van gerst of tarwe.

Malzbier
Alcoholvrij gegist, bovengistend bier (met ten hoogste 0,5% vol. alc.), nauwelijks gehopt, lieflijk en donkerbruin gekleurd door karamel.

Mild (Ale)
In Engeland meestal een donkere ale en met 3–3,8% alcoholgehalte minder zwaar en goedkoper dan Dark Ale of Porter.

Pils, pilsener
Populairste biersoort. De ondergistende brouwkunst werd in 1842 voor het eerst toegepast in het Tsjechische Pilsen. Sindsdien wordt hij overal ter wereld gebrouwen als gehopt, slank, prikkelend, fijn schuimend licht bier. Officieel én in de VS is het in feite een 'lager'.

Porter
Ietwat bitter bier met een sterke smaak van zwart mout. De donkere kleur wordt verkregen door de toevoeging van gekarameliseerde suiker. Heeft 6% of slechts 4,3% vol. alc., maar dan is het een lichtere 'stout'.

Rauchbier
Bier waarvan het mout boven houtvuur is gerookt en zodoende (net als bij whisky) een rooksmaak heeft.

Rijstbier
Een drank die met het zetmeel van het moerasgras wordt gebrouwen en ook wel sake heet, 14–17% vol. alc. heeft en ten onrechte rijstwijn wordt genoemd.

Roggebier
Bovengistend bier dat met het mout van rogge in plaats van gerst wordt gebrouwen.

Root Beer
Extreem alcoholarm, gefermenteerd drankje van kruiden, specerijen en suiker in plaats van gist, dat om redenen van marketing 'bier' heet.

Schwarzbier of zwartbier
Ondergistend bier met ca. 5% vol. alc., gebrouwen met heel donker geroosterde mout.

Sorghumbier
Indo-Afrikaans bier waarvan het mout afkomstig is van sorghum in plaats van gerst of tarwe.

Steinbier
Archaïsche bierproductie waarbij boven vuur verhitte stenen aan het beslag worden toegevoegd, die bij het nagisten de typische moutige karamel- en rooksmaak leveren.

Stout
Licht zoetig bier met krachtige (= 'stout') geroosterde smaak en donkerbruine kleur en 5–7,5% vol. alc.. Een Dry Stout is niet zo moutig en als Guinness zelfs wereldberoemd.

Trappistenbier
Bovengistend zwaar bier uit België dat uitsluitend niet-commercieel in nog maar zes kloosters wordt gebrouwen.

Weiss Berliner
Bovengistend, licht troebel en zurig bier met 2,8% vol. alc. van gerst en tarwemout. Wordt bij voorkeur uit bokaalachtige glazen gedronken, naar oud gebruik met een scheut Waldmeister of frambozensiroop en met een rietje genuttigd.

Weizen, Weißbier, witbier
Bovengistend, typisch Beiers bier met ca. 5,5% vol. alc. en fruitig aroma uit gelijke delen tarwe en gerst, maar soms ook alleen van tarwe. Nagisting op fles, en blijft ongefilterd 'troebel' of 'donker'. De gefilterde versie heet 'Kristallweizen'.

Teleurstelling

Als het schuim op het glas te snel uit elkaar valt, heeft het bier dat eronder zit nogal wat gebreken. Dit kan aan het water of de te hoge zuurgraad van het beslag liggen, maar ook aan de gebruikte gerst of het ontbreken van bitterstof, die de oppervlaktespanning duidelijk verhogen.

Hoop

In de traditionele bierlanden is een vaste schuimkraag op het glas een must, die voornamelijk – maar niet alleen – van het eiwitgehalte van de gebruikte gerst en de bittergraad van de hop afhangt.

Nooit zonder een witte kraag

Schuim

Wie in Groot-Brittannië snel een ale wil pakken, krijgt hem ook snel – en bijna zonder schuim. Het koolzuur dat door de nagisting op vat ontstond, verleent het bier wel een verfrissend karakter, maar smoort het schuim in de kiem. Torenhoog getapte **schuimkragen** zoals we dat uit andere landen kennen, zijn een ware uitdaging voor elke brouwmeester. Zijn hulpjes voor een **actieve kraag** zijn de proteïne, isohumulone, hogere alcoholen en bitterstof. Om elk kooldioxide-gas-blaasje wordt een flexibele, samenhangende film gevormd. Deze zogenaamde polypeptide tussen de schuimlamellen zorgt dat alles mooi bij elkaar blijft. Deze dwarskoppelingen maken schuim zeer houdbaar. Dit schuim voorkomt dat het koolzuur vervliegt, houdt het bier **fris** en valt ook niet uit elkaar als hij slokje voor slokje na de bodem van het glas afdaalt. De **houdbaarheid** van het schuim zegt iets over de kwaliteit van het bier.

Kroonkurken

Als zo veel inknijpingen en vouwen een fles omknellen, zoals bij dit Koreaanse dopje, blijft elke fles potdicht.

Dichtkunst

Het koolzuur verleent het bier zijn interessante volmondigheid, maakt het tot een prikkelende dorstlesser en zorgt voor **genot** tot de laatste slok. Buiten het vat kan bier heel snel verschalen, in flessen en blikjes is het langer houdbaar. Ook tegenwoordig worden sommige trappisten- en speciale bieren nog heel decoratief van **kurken** en een metalen korfje voorzien. Krachtige dikke verende beugels houden de dop op de beugelfles, totdat hij met een 'pling' of 'plong' wegschiet – **muziek** in de oren van nostalgische bierfans. Sissend vervliegt koolzuur bij het verwijderen van de kroonkurk die toch nog steeds het **imago** heeft van welgemanierdheid en drinken uit een glas.

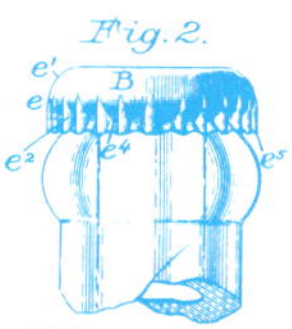

Flesopener

Kroonkurken hebben vele generaties van uitvinders aangespoord tot knutselen en verbeteren, al was het alleen maar om het stugge dopje met een nieuw patent op de fles te trekken.

Vademecum

Een flesopener, die volgens de wet van Murphy nooit bij de hand is als je hem nodig hebt, moet een gaatje hebben – voor een koordje aan de broek.

Het oog wil ook wat

Bier wil kleur bekennen, zijn kroon laten zien en in een goed in de hand liggend glas geproefd worden. Voor vrijwel alle biersoorten is er wel een speciaal glas, waarbij één ding altijd centraal heeft gestaan: het schuim.

Bierbeker (pilsglas)

Het universele bierglas uit de RASTAL-reeks zorgt ervoor dat de snel zinkende schuimkraag na de eerste paar slokken iets dichter wordt en is daarom een ideaal drinkglas.

Weizenglas

Hoe breder een glas, hoe sneller de inhoud naar de mond toe kan stromen. Alleen al de grootte van het glas en de kleur van de inhoud – licht of donker – zijn mooie beloften die worden waargemaakt door het steeds meer in de smaak vallende witbier.

Bierpul

In de moderne slanke vorm van de klassieke bierpul is dit glas een echte eyecatcher op elke tafel. Nog mooier als er een handbrede schuimkraag op zit, waarvoor overigens bij het tappen niet al te veel geduld nodig is.

Tulpglas

Deze bijna overdreven slanke vorm is ideaal voor hele lange teugen, omdat het schuim tot de laatste slok naar de bodem van het glas afdaalt.

Bierbokaal

Hoe breder een glas, hoe beter je van het stromen van de inhoud kunt genieten. In zulke bokalen past een hele fles er op de kop in en wordt hij er langzaam uitgetrokken zodat er schuim kan ontstaan. Bij witbier is dit het gebruikelijke ritueel van kenners en een grote uitdaging voor beginners.

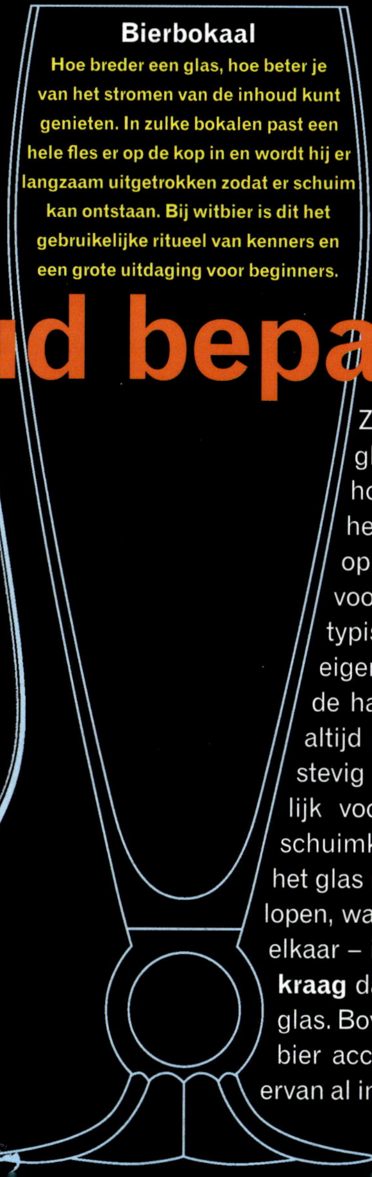

Laars

Volgens middeleuwse gewoonte moet een man wel een laars kunnen verdragen en heel handig de afsluitende vloedgolf weten te vermijden.

Inhoud bepaalt vorm

Zo individueel de bieren, zo origineel de glazen. Verzamelaars worden gauw wanhopig als ze aan de enorme verscheidenheid van glazen denken die brouwerijen op de markt brengen. **Designers** creëren voortdurend voor elke biersoort een eigen, typische en op maat gemaakte bokaal, eigen tulpglazen, speciale glazen of goed in de hand liggende bierpullen. Daarbij wordt altijd in aanmerking genomen dat een glas stevig moeten staan, **'tapbaar',** en bevorderlijk voor de schuimvorming moet zijn. De schuimkraag moet goed tot uiting komen en het glas mag naar onderen toe niet te breed uitlopen, want daardoor valt het schuim te snel uit elkaar – in goede glazen zinkt de hele **schuimkraag** dankzij de continue vernauwing van het glas. Bovendien moet een glas de **kleur** van een bier accentueren en de sprankelende frisheid ervan al in de hand tentoonspreiden.

Bokaal op voet

De glasblazerij Riedel uit het Oostenrijkse Kufstein is beroemd om zijn mond – en op maat geblazen glazen voor heel bepaalde wijnen. Dit goed in de hand liggende bierglas lijkt heel veel op de klassieke pilsballon: voor optimale volmondigheid.

Sinds er helder ondergistend bier bestaat, zijn doorzichtige glazen gebruikelijk en in de **mode.** Van gist doorzette, troebele bieren blijven maar beter in stenen pullen verborgen. Zelfs de **bierkannen** die in sommige traditionele cafés op tafel stonden, maakten plaat voor glazen. In de Nieuwe Wereld en in Australië is het nog steeds heel in om zelf rondje voor rondje uit de **'pitcher'** bij te schenken.

Kwantum

Laarsdrinken

Met het kleine laarsglas wordt geoefend voor de grote laars. Het verraderlijke van de laars is de luchtbel die in de punt van de laars zit en het laatste restje bier van het vacuüm ontdoet dat tijdens het drinken ontstaat. Het gevolg is een vloedgolfje dat uit de lars schiet en de drinker onverbiddelijk onder bier zet. Daarom drinkt men beurtelings uit de laars tot een pechvogel de klos is vergat te oefenen. De truc tegen het vloedgolfje is een bijtijdse zijwaartse draai aan de voet van de laars.

Pullen legen

In de Verenigde Staten en steeds vaker ook elders is het een gebaar van gastvrijheid om een kroes met fris getapt bier op tafel te zetten, zodat de gasten zelf kunnen bijvullen. Hij is snel gevuld, bespaart bestellingen, voorkomt langere wachttijden en omstandelijk afrekenen.

Pitcher bestellen

Bij de antipoden in de Nieuwe Wereld is het legen van blikjes vanwege de hitte een welhaast individueel geritualiseerd genot. In groepen wordt het liefst een hele 'pitcher' zoals afgebeeld geleegd, omdat iedere deelnemer op zijn beurt voor 1,5 liter van het koele nat moet zorgen. Individuele drinkers in chique kringen celebreren hun genot liever uit een stenen pul waarvan de halve liter inhoud wordt beschermd door een deksel met een van pareltjes voorziene 'duimrust'.

Sifons aanslepen

De pul met deksel was in de laatste twee eeuwen het standaardvaatje om bij een café bier voor thuis te halen. Intussen hebben brouwerijcafés en microbrouwerijen deze oude traditie weer leven ingeblazen en uit de oude verzamelobjecten nieuw sifons gemaakt voor hun speciale meeneembieren.

Jammer van het

Bier hoort in het glas, maar helaas wil het niet altijd. De druk in het vat of in oudere tapkasten zorgt dikwijls voor frustrerend veel schuim, waaruit in sommige landen een cultus werd geboren waarin de schuimkraag belangrijker is dan het bijna verschaalde bier eronder. Door foutief bottelen ontstaan microbelletjes die het koolzuur provoceren zodra een blikje of een flesje wordt opengetrokken. Het gevolg is schuim en nog eens schuim. Warmte is een andere drijvende kracht en stevig schudden doet het flesje ook overlopen. 'Gushing' (spuitend) heet dit nog niet volledig onderzochte overschuimende fenomeen.

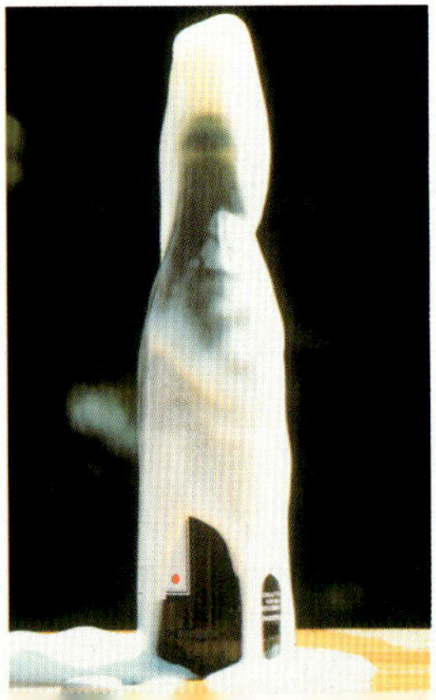

Te snel geopend

Van 'gushing' sprake, als een pas opengetrokken flesje of blikje met alle macht overschuimt. De veroorzakers zijn microbelletjes die bij het bottelen tussen het koolzuur gaan zitten. Hierdoor ontstaat er als het ware gas dat bij een plotselinge vermindering van de druk explodeert en de inhoud in een schuimende zee verandert.

Goed getapt

Met moderne tapkasten kan snel worden getapt en dankzij een menggas – klassiek koolzuur en moderne stikstof – zelfs bijna zonder schuim. Pas aan het einde wordt het glas met een korte stoot de schuimkroon opgezet. Bij oudere tapkasten kan de strijd met het schuim alleen met veel ervaring en bekwaamheid worden gewonnen.

morsen

ATEN
SCHEN

Leeg in 1,3 sec.

Het wereldrecord 'inhaleren' van één liter bier is in handen van Steven Petrosino uit Carlisle (Pennsylvania), die in 1977 zijn op vloedgolven getrainde keel er maar 1,3 seconden voor moest openen. Er wordt beweerd dat er geen druppeltje gerstenat werd gemorst. Sindsdien zijn nabootsers nogal gefrustreerd, en het *Guinness Book of Records* zegt over deze dolheid heel duidelijk:

No!

Stortvloed

Snelheid en genot gaan slecht samen en dat geldt ook voor bier drinken. Desondanks wordt graag om het hardst gepimpeld, waarvoor dit fotogeniek gebaar voldoende bewijs is.

LET OP!

Het vestigen van nieuwe of overtreffen van oude bierrecords is niet meer de moeite waard. Het *Guinness Book of Records* neemt geen verzoeken of meldingen meer aan, die wellicht schade kunnen berokkenen aan de gezondheid van een drinker.

Het Bierlied

In 1935 componeerden uitgerekend twee Berlijners, Klaus Siegfried Richter (tekst) en Wiga Gabriel, deze beroemde Beierse meedeiner. Slechts weinigen kennen de coupletten, maar het refrein en de vrolijke clou is algemeen bekend: 'Gsuffa!' (letterlijk: gedronken, feitelijk: proost!)

Oans,

Voor velen is het de mooiste bierplek van de wereld: met meer dan 400 jaar traditie, (sinds 1828 openbaar, sinds 1879 met een eigen handelsmerk, 'HB') lokt het Hofbräuhaus in München met 2800 zitplaatsen binnen en ruim 700 in de biergarten. De gildebrouwerij telt 5000 stamgasten, 100 stamtafels en 425 eregasten die hun eigen bierpul in de 'bierpulkluis' mogen opbergen. Sinds 1935 bezweert het geheime volkslied van alle Beierse bierfans het mooiste van dit huis:

zwoa, gsuffa!

»In Mün- / chen / staat / een Hofbräuhaus...»

1.
Daar waar de groene Isar vloeit,
waar u met 'Grüss Gott' wordt begroet,
ligt mijn mooie München-stad,
de wereld nog nooit een tweede had.
Water is voordelig, zuiver en goed,
Alleen verdunt het ons bloed,
Mooier zijn druppels gouden wijn,
Maar het mooist is:
(Refrein)
In München staat een Hofbräuhaus:
Oans, zwoa, g'suffa...
Daar worden vele vaten geleegd:
Oans, zwoa, g'suffa...
Daar heeft menig braaf man:
Oans, zwoa, g'suffa...
Laten zien wat hij verdragen kan
Van 's ochtends in alle vroegte
Tot middernacht geniet hij genoeglijk
Zo mooi is ons Hofbräuhaus.

2.
Daar drinkt men bier niet in een glas,
Daar bestaat alleen de de grote 'mass'!
En als de eerste mass is leeggegoten,
Brengt Reserl snel een nieuwe onverdroten.
Vaak is de vrouw thuis flink bang,
Als de man blijft weg al te lang.
Maar de brave buurvrouw en -man,
Die weten er dan wel alles van!
(Refrein)

3.
Ook als zo menig mooi oord
Met bezienswaardigheden bekoort,
Maar nergens zoals hier:
Heeft men Münchens bier.
Wie dit lied heeft bedacht
Heeft zo menig lange nacht
Münchens bier bestudeerd
En het grondig geprobeerd.
(Refrein)

Lederhose en bier

Het cliché wil dat de Beier in een korte leren broek hoort zoals het bier in een mass (1-liter-bierpul). In 'Out of Rosenheim' amuseert Brenda zich kostelijk op koninklijk Beierse manier in haar geleende 'krachlederne' (korte leren broek).

HB
MÜNCHEN

Beestachtig zwaar bier

Het éénlettergrepige woord bier heeft een tweelettergrepig synoniem: bokbier. De personificatie van dit karaktervolle, pittige bier is al lang over de hele wereld verbreid en doet snel vergeten dat het hier wellicht om een herkomstbenaming gaat, net als bij het pils. In de Middeleeuwen werd in het vakwerkstadje Einbeck bij Hannover erg veel (en goed) bier gebrouwen, omdat de plaats een drukbezochte tussenstop was van vele bedevaartgangers op weg naar het Bloed van de Verlosser in de kapel van Münster. De boodschap van het bijzondere brouwsel verbreidde zich als een lopend vuurtje door heel Duitsland. Vooral de adel was verzot op dit bier dat door gewiekste kooplieden in München vanaf 1615 als 'einpöcksches starkbier' werd nagemaakt. Het bier uit Einbeck werd dus pas aan de Isar een 'bock' die volgens de traditie nog steeds 7% vol. alc. bevat. Uiteraard gebruiken brouwmeesters steeds weer een sterker stamwort om een hoger alcoholgehalte te halen. Zulke

Bock

'starkbieren' kregen daarom gewoon de naam 'doppelbock' (dubbelbok). Zware bieren waren allemaal bovengistend, werden alleen in het koele seizoen gebrouwen en vervolgens in natuurijskelders gelagerd. Daarom stonden ze als seizoenbier, als maibock (meibock), weihnachtsbock (kerstbock) of fastenstarkbiere (vastenbier), bekend. Tegenwoordig kan elke brouwerij een ondergistend bokbier brouwen, wat dus ook te hooi en te gras gebeurt. Alnaargelang het mout wordt zo een gouden, goudbruine of donkerbruine kleur, een al dan niet hoog alcoholgehalte en een bijzondere smaak verkregen. Bokbier kan moutig zoet tot heel bitter uitvallen. Inmiddels bestaan er zelfs al weizen(doppel)bockbieren. En omdat het Beierse dubbelbok rondom de vastentijd zich uitstekend leent voor de inheemse bierrituelen, dragen sommige al

sinds eeuwen klinkende namen. Ze eindigen op -ator, naar de eerste bock waaraan de monniken de naam Salvator (naar de Verlosser) hadden gegeven. Tegenwoordig brouwen ook deels profane brouwmeesters deze onmiskenbare sterke bieren, zoals 'Kulminator', of het door bokbier bekend geworden Kloster Aying met zijn 'Celebrator'.

Sterke etiketten

Vanaf ca. 7% vol. alc. mag een bier met 16% stamwort de ereKapitelüberschrift 'bock' – naar zijn oer-brouwoord Einbeck – dragen. De 'Urbock' uit Einbeck is met 6,5% vol. alc. niet eens de zwaarste – dubbelbok met een hoger alcoholpercentage krijgt in Duitsland meestal een klinkende naam die op '-ator' eindigt.

Krachtpatsers

De verleiding om met het 'sterkste bier ter wereld' het *Guinness Book of Records* te halen, is voor brouwmeesters soms erg groot. Het 'Foreign extra stout' van de gelijknamige Ierse brouwer heeft 'slechts' 7,5% vol. alc. en is wat dat betreft makkelijk te verslaan. De alcoholische kracht verkrijgen de brouwers uit de gisten van het stamwort waarvan de waarde gedeeld door drie ongeveer overeenkomt met het uiteindelijke alcoholgehalte. Het bier van Kulmbach, 'EKU 28' heeft een stamwort van 28 graden en een alcoholgehalte van 11% en uit het Franse 'Bière du Démon' met een stamwort van 21, 7 graden wist de

Krachtdatum
6 december

Alleen op de verjaardag van de Sint maakt de brouwerij van Schloss Eggenberg in Oostenrijk zijn roodbruine Dunkles met 16% vol. alc., dat tien maanden wordt gelagerd.

Alc. 20

brouwer zelfs 12% vol. alc. te toveren. Maar hoe krachtiger het stamwort, hoe zoeter het eindproduct. Het Oostenrijkse 'Samichlaus' heeft als kerstbier ondanks zijn 14% vol. alc. een heel zoete smaak. Om een nog hoger alcoholgehalte te krijgen, moet de trukendoos worden opengetrokken, zodat de gisten het niet afleggen tegen het hoge alcoholpercentage. De Zuid-Duitse brouwmeester Bernd Scheurle van de Boston Beer Company kon een experiment niet weerstaan. Zijn met ahornsiroop gezoete stamwort had 37 graden en haalde als 'Samuel Adams Triple Bock' ten slotte 17% vol. alc. In 1999 zweepte hij zijn gisten op tot 20%, het nog steeds ongeëvenaarde record van de 'Millennium'-editie à $ 200…

Krachtmythos

Voor de eretitel 'sterkste bier ter werld' wordt al eeuwenlang om het hardst gebrouwen, omdat er geen beter verkoopargument is, zich de Hercules van de sterke bieren te kunnen noemen. Momenteel is dat 'Samuel Adams Millennium' met 20%!

% Vol.

Belgische brouwkunst

Het kleine land is een bierparadijs waar hoppige kloosterbieren wedijveren met imitaties en originele speciale biersoorten. De kleur van het kapseltje zegt al iets over de sterkte van het bier, de diversiteit aan flessen is iets voor verzamelaars. Kenners waarderen de vaak duivels sterke bieren van de vrome trappisten.

CHIMAY
PERES TRAPPISTES
Judas
BELGIAN GOLDEN ALE
A UNIQUE BELGIAN SPECIALITY
Alc. 8% vol
℮ 33 cl
Bière Belge

Weg en werking

"Dorst is mooi sinds er bier bestaat", luidt een oude reclameleus. Dorst is zelfs een niet te misachten signaal. Dat het lichaam **2,7 liter** water per dag nodig heeft, is voor menigeen reden genoeg om deze hoeveelheid met bier te compenseren. Medici beschouwen ons verlangen naar alcoholische drankjes als een **'luxe dorst',** omdat één liter bier een hele reeks organen urenlang bezighoudt. Ook de liters die nog volgen, worden systematisch verwerkt, verteerd, gefilterd, en de inhoudstoffen en calorieën verbruikt. Maar ondertussen komt er steeds meer alcohol **in het bloed.** Vanaf een bepaalde hoeveelheid vertraagt hij het centrale **zenuwenstelsel,** haalt de rem van onze emoties en maakt soms vrolijk, maar soms ook droevig. Pas na grotere hoeveelheden verliezen we de controle over ons doen en laten. De kleine borrel bij het bier of cocktails met bier versterken deze effecten. **Ontnuchteren** betekent voor de vlijtige, maar trage lever zwaar werk in uitvoering.

High worden

Alcoholmoleculen lossen op in vet en water en dringen snel door tot alle delen van het lichaam, vooral naar de hersenen. Ze belemmeren actieve neuronen en verdoven het centrale zenuwstelsel al binnen 10–20 minuten.

Reageren

Na 20 minuten begint de alcohol te werken, na nog eens 20 minuten heeft hij zijn maximale kracht ontplooit en houdt dan nog circa twee uur aan. Gedurende deze periode is ons reactievermogen enigszins tot overduidelijk aangetast.

Versterken

Een begeleidend borreltje en een truc met de vingers, zoals bij deze 'kopstoot', kan van een onschuldig pilsje snel een alcoholisch tijdbommetje maken.

Resorberen

Het maagslijmvlies heeft al 20% van de alcohol geabsorbeerd, de rest resorbeert de dunne darm naar het bloed.

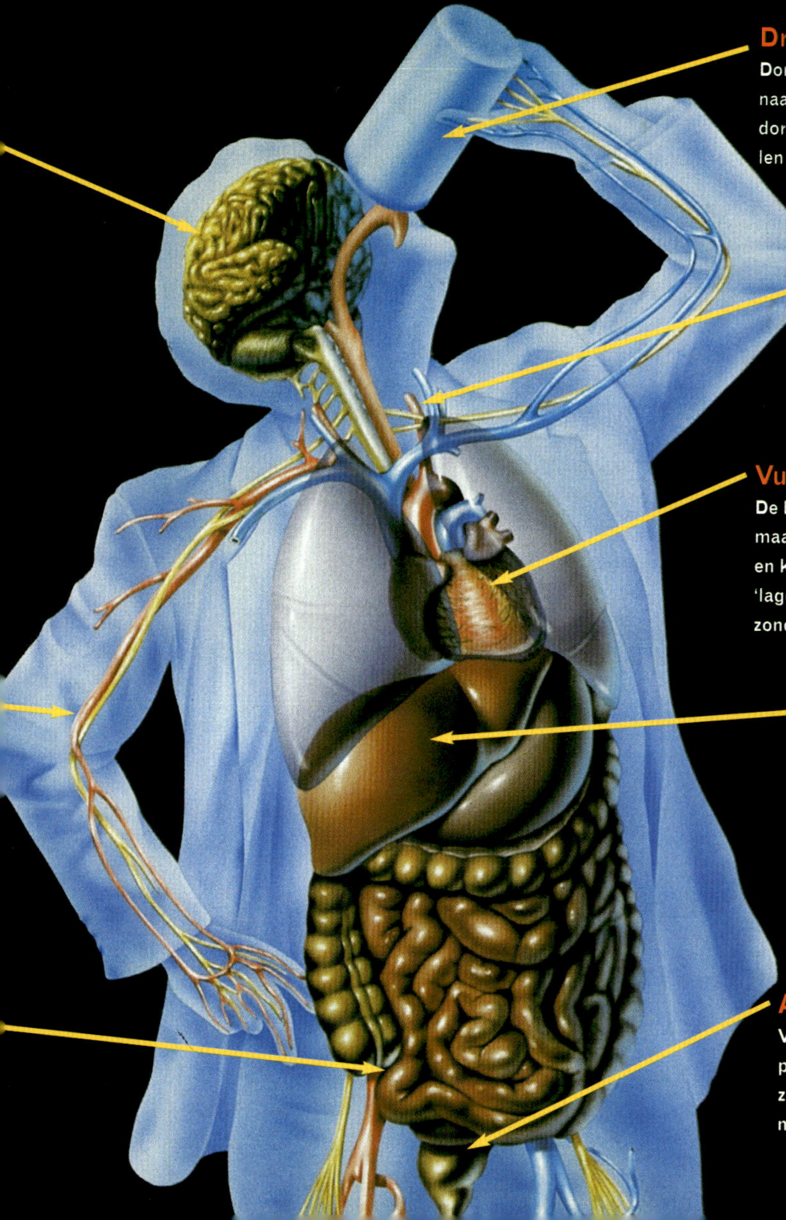

Drinken

Dorst is heel natuurlijk, dorst naar alcohol niet. Deze luxedorst verdooft de smaakpapillen al na de eerste paar slokken.

Slikken

Heel bereidwillig opent een getraind strottenhoofd de ingang tot de circa 25 centimeter lange slokdarm voor de stortvloed.

Vullen

De bovenste helft van de maag fungeert als magazijn en kan meer dan 2 liter bier 'lageren'; de maag zet uit zonder dat wij het merken.

Verwerken

Ongeveer 95% van de alcohol in het lichaam wordt door de hard werkende lever met 0,1–0,2 promille per uur verwerkt. Slechts 2% haalt onze nieren, de rest verlaat het lichaam via de mond en de huid.

Afvallozing

Van de 180 liter die de nieren per dag kunnen filteren, willen ze 1,5 liter lozen. Bij 200 ml meldt de blaas al: urinedrang!

Volle maag: vol bier

Tegen de bierbuik wordt alom geargumenteerd en gepolemiseerd nu de vraag naar een getraind **'sixpack'** deze ontwikkeling heeft gestopt. Maar voor brouwers en bierdrinkers telt alleen dat het bier bij het afbreken van de vloeibare koolhydraten tegelijk een groot deel van de calorieën weer vernietigt. Voedingsdeskundigen beweren (heel geloofwaardig) dat we van een **bierdieet** zonder aanvullende vaste voeding slanker kunnen worden. Medici hebben een **AC-enzym** opgespoord, dat als genetische veroorzaker voor het buikvet van veel mannen te boek staat. Als dat zo is, bepaalt dus het gentype of een bierdrinker met trots een belijder-T-shirt over zijn gespannen buik mag aantrekken. De 400 tot 500 calorieën van een liter bier alleen maken een mens niet dik – maar wel een beetje verslaafd…

Duurzaam conflict
Wat dikker maakt, een pul bier of een goedgevuld bord, dat blijft de vraag. Vaststaat dat bier een echte appetizer is. En samen met eten veroorzaakt bier een buik.

en vol trots

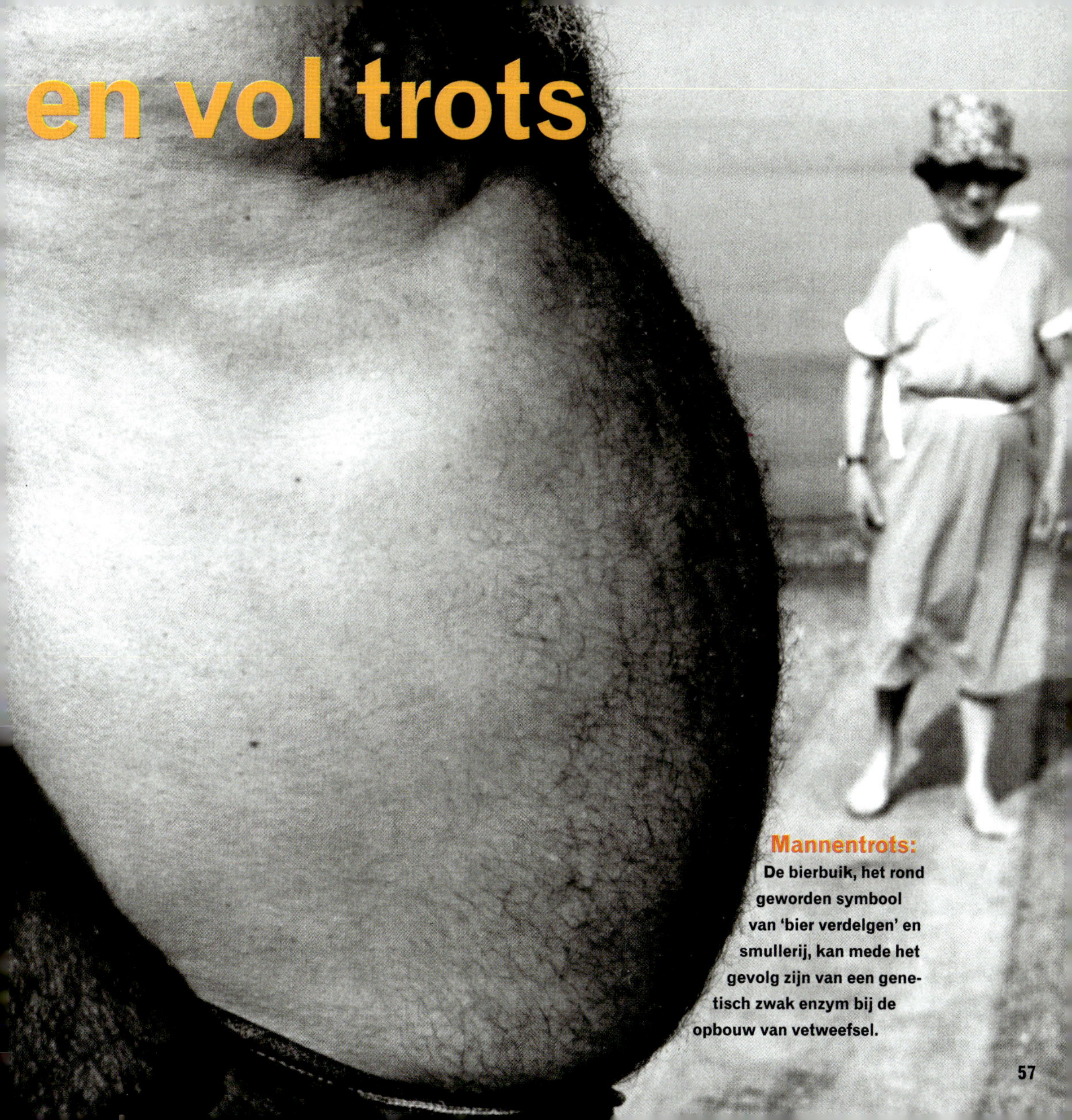

Mannentrots:
De bierbuik, het rond geworden symbool van 'bier verdelgen' en smullerij, kan mede het gevolg zijn van een genetisch zwak enzym bij de opbouw van vetweefsel.

Bedevaartsoorden van bierfans

Inzicht

De franciscanes Doris Engelhard, bekend als 'Schwester Doris', van het klooster Mallersdorf bij het Duitse Regensburg is brouwmeesteres sinds 1975 en de enige nog actieve non in een Duitse kloosterbrouwerij.

Doordat bier drinken tijdens de vastentijd mocht en ook de Kerk dit toestond, wisten kloosterbrouwerijen snel rijk te worden. Sommige maken ook tegenwoordig nog bier: de Belgische trappisten met veel – internationaal – succes, het Duitse klooster Andechs met populaire brouwerijfilialen sinds 1455 – en kleinere kloosters als in Mallersdorf. Daar brouwt Schwester Doris als brouwmeesteres slechts 3000 hectoliter bier, waarvan de nonnen en het personeel zelf al 20% consumeren. Kloosterbieren zijn heel geliefd bij toeristen die zulke streken aandoen, maar de echte bedevaartsoorden blijven het Hofbräuhaus in München of de drinkzalen in de oude gistkelders van de oorsprong van alle pilsbieren, het Tsjechische Pilsen/Plzen. Op 5 oktober wordt op het brouwerijterrein het zogenaamde oerpils-feest gevierd. Het Oost-Boheemse Budweis trekt bierfans aan vanwege het Europese oer-'Budweiser Budvar' dat sinds 1875 met de Amerikaanse concurrent Anheuser Busch in de clinch ligt vanwege de naam 'Bud'.

Uitzicht

De 'Heilige Berg' met het klooster in Andechs bij München doet ook tegenwoordig nog net zo idyllisch aan als het uitzicht op het Tsjechische Pilsen anno 1900 of op de Zwarte Toren van de koninklijke stad Budweis – alleen de uitspattingen van de vroegere bierbedevaarders zijn verleden tijd.

Geënsceneerd drin

Biertroost

Bier helpt bij het bijtanken aan het einde van een voetbaldag in de film *When Saturday comes* uit 1996, en bier is de troost van het verlaten gezinshoofd Daniel Hillard (Robin Williams), die als kindermeisje *Mrs. Doubtfire* bij zijn ex aanmonstert.

Bier is heel gewoon in het dagelijks leven, dus ook in de film. Bier doet het goed in een kleurenfilm en deugt voor alle **ensceneringen:** van tussenmenselijke communicatie via een glaasje tussendoor tot een frontaal shot van een slok troost tegen de eenzaamheid. Film laat zien dat bier drinken verbonden is met een heel bijzondere **lichaamstaal,** die misschien alleen wordt overtroffen door roken, wat eveneens een hoofd-zaak is. Hoe we een fles pakken of een glas vasthouden, zegt bijna verraderlijk veel over onze zielsgesteldheid.

ken – bier en de film

Biermoed

Met veel zelfironie klampt Gerhard Polt (een Beierse caberettier) zich vast aan het bier als bewijs van het Duitse zelfbewustzijn: in de film *Man spricht deutsh* (1986) droomt hij als Erwin Löffler aan het strand van Terracina van een affaire met een mooie Italiaanse.

Biersjans

Meat Loaf speelt in de film *Roadie* uit 1979 de chauffeur van een bierwagen, Travis W. Redfish. Als roadie van de groupie Lola ontmoet hij Blondie bij een pilsje.

Bierhumor

Op een bruisend, frivool carnavalsfeest in *Kehraus* uit 1983 is over de schreef gaan het synoniem van de overschrijding van consumptie- en humorgrenzen.

Small Talk bij een biertje

'Biergartenweer is pas om tien uur…'
Biergartenweer is volgens de Zuid-Duitse definitie wanneer het om 22 uur nog 22 graden is, wat de discussie over het sluitingsuur steeds weer doet oplaaien.

'Bierpapier is geen bezopen idee…'
Van de resten van de bierproductie, de bostel, en van gerecyclede bieretiketten maakt de papierfabriek Gmund geschept 'bierpapier' in de vijf klassieke bierkleuren 'weizen', 'lager', 'pils', 'ale' en donkere 'bock' – voor een ieder die zich helemaal wijd aan het bier en daaraan op scheppende manier uiting wil geven.

'Bierpartijen oprichten…'
In 1991 was de 'partij van de biervrienden' met 16 afgevaardigden in het Poolse parlement, Sejm, vertegenwoordigd met een programma waarin 'economische ontwikkeling' centraal stond. In Australië maakte de 'Lower Excise Fuel and Beer Party' zich sterk voor een groot aantal belastingverlagingen, onder andere voor bier. De 'Original Senkrechte Bierpartei' in het Oostenrijkse Graz wilde meer stamgasten trekken voor bepaalde acties.

'Walgtoeslag voor een Drecksack…'
Een 'Kölsch' met cola, elders in Duitsland een Krefelder genoemd, heet rond de Dom van Keulen heel minnetjes Drecksack (smeerlap). Wie in een lokaalchauvinistisch cafeetje als de 'Zone' een Drecksack bestelt, moet wel rekening houden met een walgtoeslag van 5 cent.

'Flessologie heet bij Ron Brandsteder zeker anders…'
Wie volle bierflesjes verzamelt, maar niet leegt, is abstinent, wilskrachtig of wil een record vestigen, zoals Peter Broeker uit Geesthacht bij Hamburg. De 12.548 flessen van 2.440 brouwerijen, waarvan 40 % uit het buitenland, vormen liggend een rij van drie kilometer lengte. In dit geval kunnen we eigenlijk niet meer van een verzamelaar spreken, maar eerder van een 'lagonalogisticus' of zelfs een 'ampulloog'.

'Harry Porter komt uit Scandinavië…'
Bij de jaarlijks terugkerende wedstrijd voor Noorse thuisbrouwers, 'Årets hjemmebrygg' in Oslo, kreeg Henrik Svalheim de eerste prijs voor een heerlijk biertje, maar hield geheim hoe hij zijn 'Harry Porter' in zijn eigen heksenkeuken had gebrouwen.

'Kobe-runderen zijn biervee…'
De 'duurste bierbuik ter wereld' heeft het Japanse Kobe-rund, die omwille van een hoog vetgehalte van zijn vlees vanaf de 20e van elke maand dagelijks bier moet drinken. Bovendien wordt zijn lichaam intensief gemasseerd zodat het vlees er heel gemarmerd uitziet. Tien maanden later worden er de duurste steaks ter wereld van gemaakt. Inmiddels zuipen Kobe-kalfjes ook in Frankrijk en in de VS bier voor luxevlees.

'Luxebieren bestaan…'
Een heldere, parelende kristallweizen mag niet meer champagnerweizen worden genoemd; Franse jaloezie is hier debet aan. Maar een Zwitser lost dit luxeprobleempje op: hij brouwt een bier alsof het een wijn is, en vernoemt het naar bier aan het hof van

de tsaar, Balik Beer. Bij dit donkermoutige, porterachtige en twee jaar in eiken vaten gelagerde speciale bier hoort Balik-zalm, die uiteraard ook al lang op zijn smulprogramma staat.

'Ölsund is een belastinggrens...'
Omdat Zweden vanwege de immens hoge alcoholprijzen graag even over de Öresund wippen om in Denemarken iets voordeliger grote hoeveelheden 'øl', bier dus, te kopen, heet de zeestraat daar niet langer Öre-, maar Ölsund.

'Sixpack is Jan met de pet...'
Nu het sixpack zo veel succes boekt, worden in de VS ook zijn belangrijkste consumenten erdoor gesymboliseerd. De Europese Jan met de pet heet in de hedendaagse VS ook al lang 'Joe' of 'Sally Sixpack'.

'Geen controle op drinktemperatuur...'
Te koud bier schuimt niet en smaakt naar niets. In Duitsland moet het bier 4–9 graden hebben. Het Keulse bier '1396' (het jaar dat de Keulse burgers werden bevrijd van de heerschappij van de Patriciërs) draagt een 'thermo-etiket' waarop bij correcte serveertemperatuur een (controle-)jaartal verschijnt.

'Prioriteiten zijn belangrijk...'
In de volkspoëzie van de Finnen gaan 200 verzen over de schepping van de aarde, maar nog 200 meer over bier.

'Vollemaanbier is helder...'
Gaten in de markt moeten gedicht worden – als het moet ook voor lunatici. Nu bestaat er 'vollemaanbier' dat slechts één keer per maand door ecobrouwers aan de Bodensee en in het Zwitserse Appenzell wordt gebrouwen. Slaapwandelaars in helder verlichte nachten stevenen regelrecht op dit bier in hun koelkast af.

Geen land ter bierwereld heeft een nog zo intacte cafétraditie als Groot-Brittannië. Al sinds 1002 brouwen de eilandbewoners hun Dark British Beer, ook wel **Bitter** genoemd. Hun oudste nog bestaande Inn en huidige Pub, 'The Fighting Cocks' in St. Albans nabij London, stamt nog uit de tijd van voor het bier. 'The Olde Trip to Jerusalem' in Nottingham, gunstig gele-

Grote diversiteit:
Free pubs en brouwerij-afhankelijke pubs zijn niet meer wettelijk verplicht om hun bieraanbod te beperken. Bijna alle pubs zijn trots op de vele soorten die ze voeren, en op hun traditionele ale-soorten.

Alleen pints:
Een rondje halve en hele pints wordt beurtelings gegeven. Ze zijn 'draught', dus worden ze vrijwel zonder schuim tot de rand toe getapt – en meteen betaald.

The PU

gen langs een bedevaartsroute, stak al in 1189 het eerste vat aan. Omdat de toenmalige brouwers monniken waren, hebben nog steeds veel pubs vrome naambordjes. De buitenissige namen kwamen pas veel later in zwang, net als de interne, ruimtelijke scheiding tussen het meer proletarische **'Public House'** (vandaar 'pub') en de chique 'saloon'. Pedagogisch waren ook

de late openingstijden, sluiting tussen de middag en de vroege **sluitingstijden** 's avonds, maatregelen die pas eind 20e eeuw werden geliberaliseerd. De maatschappij ontwikkelde eigen pubrituelen: wat werd besteld, werd meteen betaald. Nukkige bediening kent men hier niet. Bovendien is het een ongeschreven wet dat in pubs niet over godsdienst en politiek

JB

wordt gepraat, maar daarom des te meer over het weer. Ook is het een erezaak dat ieder lid van een groep **een rondje** geeft – vooral omdat elke pub wel een eigen origineel bierprogramma heeft en speciale lokaal-chauvinistische ales afwisselend aanbiedt. Aan deze nieuwe oude liefde voor de ale ontsproot de nationale actie 'Campaign for Real Ale' (CAMRA) voort.

Last order:
Groot-Brittannië heeft strenge pubregels: het bier van de 'last order' vóór de luidkeels aangekondigde sluitingstijd mag nog in alle rust worden opgedronken en het dartspel worden uitgespeeld. Schotland kent deze regels niet.

Sfeer:
Historische en themapubs zijn erg in zwang. In de 'Dirty Dick's Pub' in Londen is de legende van de 18e eeuw gereconstrueerd, waar wordt verteld hoe de waard na de dood van zijn verloofde de pub zo aantrekkelijk 'verwaarloosde'.

Three Guinness,

Goede reclame

Zo sterk als het Ierse bier is ook de reclame voor de bijna zwarte 'Dry Stout' van Arthur Guinness die in 1759 was begonnen met het brouwen van Ale en Porter. Wereldberoemd werden de slimme toekan en zijn understatement met de leus: "Guinness is good for you".

De bekendste stout ter wereld komt uit Ierland. De zwarte kleur, de volmondige smaak en de impressies van koffie verraden dat Arthur Guinness in 1759 als brouwer was begonnen voor Porter-bier. Hij creëerde de klassieke **Dry Stout.** Beroemd is Guinness om zijn fijne schuimkraag op het vrijwel ongekoelde bier. Guinness was de pionier van de invoering van het menggas, waarin snel vervliegende stikstof het koolzuur kortstondig opjaagt. In blikjes en flessen doet een **widget** dit, een klein kogeltje met drijfgas dat door de plotselinge drukvermindering na het openen wordt geactiveerd.

please!

Acceptatie

Drinken onder de vakantiezon tot er geen ruimte meer over is op tafel voor de glazen. Bij het ritueel van het gemeenschappelijk pimpelen is lol trappen inbegrepen en daar is veel bier voor nodig.

Tolerantie

Een man bepaalt zelf welk bier hij drinkt. Zodra hij besluit een vaatje op te steken, blijft hij liever zijn gelag trouw dan zijn eigen vrouw. Dat was al zo in de tijd van Hägar de Verschrikkelijk.

Het bier en

Substantie

Met zijn biertje is geen man meer alleen. Met plezier daagt hij het hele universum uit dat sowieso slechts uit flessen bestaat die hij in zijn eentje heeft bedwongen.

Bier garandeert urenlange communicatie bij gematigde alcoholpercentages. Door de eeuwen heen hebben mannen hun rondjes bier als een **privilege** beschouwd en deze met welwillend overgeërfde rituelen verdedigd. Corpsstudenten, vrijgezellen en de ijverig nabootsende jeugd houden het 'strijddrinken' met archaïsch genoegen hoog. Het mannelijke wij-gevoel bij het **drinkgelag** draag tot acceptatie naar binnen en naar buiten bij. Onder mannen geldt daarom ook een oude etiquette met betrekking tot het geven van rondjes, het aanstoten, bewijs van drinkvaardigheid, en de **verbroedering** bij een biertje.

zijn mannen

Instantie

Waar een bar voor de elleboog voorhanden is, daar heersen de meningen van mannen over God, de wereld en bier: absolute waarheden die iemand als Hägar met gemak achteroverslaat.

Reclame

Vrouwen en bier gingen prima samen in de reclame van vroeger, zolang de koele blonde maar op de voorgrond stond en de sportieve blondine tot drinken aanmoedigde.

Vrouw ho

Vroeger kon je bij een bier nog heel goed flirten – met de aantrekkelijke waardin of serveerster in een diep uitgesneden dirndljurk. Maar dit traditionele rijk van de mannen raakt langzamerhand zijn **illusies** kwijt. Steeds vaker zitten vrouwen zelf aan een biertje en beteugelen het ouderwetse gedrag en de minachtende toon jegens de serveesters. In Duitsland wordt elk derde bierglas door een vrouw leeggedronken. Niet zelden zijn het kieskeurige bierdrinksters die weten wat ze

udt van bier...

willen en de markt van speciale biersoorten behoorlijk hebben doen groeien. Ze houden wel van bieresthetiek en speciale glasvormen, maar zeer zeker niet van elk standaardbier. Deze trend heeft het bier een stuk mannelijkheid ontnomen en de flirttoon aan de tapkast geëmancipeerd. Overigens was het bier in Frankrijk (bière) en in Italië (birra) altijd al vrouwelijk...

Belijden

Sinds in het bierland Duitsland bijna iedere derde bierdrinker een vrouw is, koketteren steeds meer vrouwen in de reclame met dit nieuwe imago en flirten nu ook bij een biertje.

Bedienen

Generaties van mannen zijn in spannende afwachting opgegroeid van flirtende serveesters die hun bierpullen goed onder controle hebben en alsmaar lachend volle glazen aanslepen.

Wat lange tijd ondenkbaar leek, werd op 24 januari 1935 realiteit: heerlijk fris bier met koolzuur, opgesloten in een conservenblikje. Het Amerikaanse bier uit de allereerste vrolijke versierde Krueger-'cans' ging er bij 91% van de proefdrinkers goed in; 85% vonden het zelfs beter dan uit de fles. N het opheffen van de drooglegging in 1933 hadden de Amerikanen grote dorst naar alcohol (in bier was slechts 3,2% toegestaan) en naar nieuwe producten. Het blik was toen nog zo dik dat de meegeleverde, plompe opener om een driehoekig drink- en luchtgat mee te maken, 'kerksleutel' werd genoemd. Weldra kwamen er blikjes op de markt met een schroefdop

1. Première

1935

Bierdrinkers in Richmond/Virginia waren proefdrinkers voor het 'ingeblikte bier' van Krueger Brewing Company uit Newark/New Jersey, maar zonder blikopener liet zich de 'Cream Ale' niet bevrijden.

die zo smal was als een flessenhals. Na 1963 werden ze dan voorzien van een 'pull off tab', een wegwerpring die op zijn beurt werd vervangen door de milieuvriendelijke 'stay tab rings'. Amerikaanse soldaten brachten de patentblikjes naar Europa, waar men na 1950 heel snel aan het handige pak-hem-beet-en-werp-hem-weg-formaat van het 'blikjesbier' gewend raakte. Het sissende openbreken werd al gauw een cult.

Leeg & weg

Het schoppen tegen lege blikjes was voor sommige jongens een reden om te gaan voetballen. Uitgerekend voetballand Duitsland voerde in 2003 statiegeld op blikjes in.

2.173

A beer, please

Voor kenners voelt het veelvuldig bekroonde en evenwichtige Bitter van Füller dermate lekker hoppig en moutig zacht aan dat het lijkt alsof 'engelen op de tong dansen'. De Londense brouwerij was er bovendien trots op om de dorst van de trans-Atlantische passagiers in de Concordes van British Airways te mogen lessen.

Une bière, s.v.p.

Het Belgische pils, een mildbittere ster uit 1926, is tot ver buiten de landsgrenzen bekend. De supersonische passagiers van de Concorde van Air France konden op 18 kilometer hoogte van dit bier genieten.

km/h

De snelste bieren

Zij voorzag in de snelste trans-Atlantische verbinding die er ooit heeft bestaan: sinds 1973 vloog de Concorde met supersonische snelheid tussen Europa en de VS heen en weer. Daarbij werd het 62 meter lange toestel zo verhit dat het tijdens de vlucht 15 tot 20 centimeter in lengte toenam. Een goede koeling binnen was daarom altijd welkom – de passagiers konden kiezen tussen champagne en een ijskoud mach-twee-bier.

KLOSTER
Andechs

Het oude Europa leerde de Nieuwe Wereld hoe je bier moest brouwen, die zich dankbaar revancheerde met betere marketing- en **verpakkingsideeën.** Al in de jaren 30 bestonden er in de VS bierblikjes, 'doubles', 'fours', en 'hom-paks' voor zes flesjes. GI's in Europa forceerden de boom van de handige 'bundels', de moderne nakomelingen van de kruiken met een oor. Ook de houten vaten werden slachtoffer van deze **ontwikkeling,** nu stabielere en hygiënische aluminium 'kegs' (vaatjes) de bierkelders definitief van hun romantische karakter hadden ontdaan.

Van vat tot six-pack

Stapeleffect

In de oude houten kratten staken de flessenhalzen nog boven de rand uit en droegen zodoende direct het gewicht van de kratten erboven. Sinds de jaren 80 worden de van kroonkurken voorziene standaardflesjes volledig door de kratten beschermd. Aanvankelijk waren de kratjes nog genormeerd, maar inmiddels heeft elke brouwerij haar eigen bontgekleurde stapelkisten.

Meeneemeffect

Sinds 1970 is het woord 'sixpack' ook in Europa een begrip, net als zijn inhoud. Het sixpack is inmiddels synoniem geworden van snel shoppen en spontane feestjes.

Een bier is snel gedronken, de dorst naar merken is onverzadigbaar. Naam en imago tooien **cultobjecten** die vervolgens in elke gewenste vorm opduiken. Soms in speelse gedaanten van speelgoed en gebruiksvoorwerpen. Kinderen in ontwikkelingslanden spelen met originele als detailgetrouw gevormde auto's van bierblikjes, kinderen in het westen met mooiere minitrucks of wagons voor hun modelspoorbaan – meestal uitgezocht door de merkvaste vader. **Recycling** tekent zelfs voor 'vrouwelijke' objecten: decoratieve handtasjes van kroonkurken.

Creatieve bier

Bierkever

Met een blikschaar en een tang bouwen fantasievolle Afrikanen hele wagenparken van bontgekleurde blikjes. Deze bierkever kost een verzamelaar maar een prikkie, maar voorziet de 'fabrikant' wel een paar dagen in zijn levensonderhoud.

Biertruck

Miniatuurtrucks worden in Afrika voorzien van levensgrote bieropleggers; geen probleem sinds de grote merken de dorst overal ter wereld lessen. Hun blikjes keren terug naar af als objecten voor verzamelaars.

fantasieën

Bierwagon

Volwassen kinderen spelen graag met treinen. Speciaal voor deze doelgroep, de man, produceren fabrikanten van modelspoorbanen samen met gul gevende brouwerijen bierwagons met decoratieve opdrukken. Leuke cadeautjes of collector's items die als rollend lievelingsbier met bezetenheid worden verzameld.

Doppentas

Tassen met een buitenkant van uitgediende kroonkurken worden in Kenia vervaardigd en door Mulberry voorzien van een chique leren interieur. De opbrengst gaat volledig naar de aidsbestrijding in Afrika – een idee van de meevoelende juniorchef van het bedrijf.

drinken, slikken

booze
brourg
gl
glog
glop
glork
glou
gloub
gloup
glp
gluck
glunk
glut
gulb
gulp
schlürf
unk

boeren

beurp
blurp
burp
hops
rülps
üülps
urp

hikken

hic
hick
hicks
hip
hips

slurpen, likken

glork
gluck
glurg
lick
schlürf
schmatz
slurk
smurp

uitspugen, uitbraken, walgen, overgeven

barf
beuark
beurk
beurkgllgl leurkgl
brr
brrrfffj
brrrfjzzzz

Tekstbalonnetjes

Als het om bier gaat, is eigenlijk alles al wel onderzocht, zelfs de wereld van de bierdrinkers in **stripverhalen.** Sociologen en taalgeleerden vragen zich ten aanzien an deze bijzondere consumptiegroep af hoe tekstbalonnetjes of reusachtige letters de stomme stripwereld met veel tamtam leven inblazen. Deze klanknabootsende woorden, zogenaamde **onomatopeeën,** worden door iedere tekenaar of vertaler naar eigen goeddunken gecreëerd, of nagemaakt. Menigeen zijn inmiddels internationaal als standaardsignalen voor het openen van een flesje, aanstoten, drinken of boeren ingeburgerd, en ze zijn koren op de molen van internationale marketingstrategen. De tekenaar Brösel creëerde voor de stripfiguur Werner een eigen taal, zoals **bölkstoff** (boervocht).

De waarheid!

Als we de Duitse stripfiguur Werner mogen geloven, zegt de beugelfles bij het openen ietwat dofjes 'fump'. De Flensburger Brauerei liet hun versie, 'plop', als handelsmerk beschermen.

De kennis

Verzamelaars van bierviltjes zijn in feite brouwerijhistorici en maken deel uit van een uitstekende organisatie met ruilbeurzen en verzamelsupport.

Deksel onder de voet

Voordat bierviltjes meer dan eeuw geleden naar de onderkant van het overschuimende glas verhuisden, werden ze gebruikt om open glazen te bedekken. Sindsdien tellen ze de bestellingen, verzamelen ze notities, prikkelen ze verzamelaars en zijn ze het patience van eenzame bierdrinkers, zoals Yvan Attal; in 'Ma femme est une actrice' wordt hij geplaagd door jaloezie, terwijl hij zijn broze huisje van illusies bouwt.

De bekoorlijke

Bier verdwijnt in droge kelen, maar de viltjes blijven. Ze illustreren de biergeschiedenis zowel regionaal als mondiaal en hebben inhoudelijke, reclame- of vlotte motieven.

De toebehoren

De diversiteit aan bieraccessoires is gigantisch. 'Pilskleedjes' horen daar net zo goed bij als mini-brouwerijwagens, glazen, oude bierpullen en kroonkurken.

De continentale

Bierviltjes zijn rond, ovaal of vierkant. Maar opvallend in elke verzameling is een viltje met 'continentale' omtrekken van de Australische brouwer Foster.

Bier is een echte appetizer en misstaat geenszins naast volle borden. Naar Beierse gewoonte liggen er dan niet alleen **haxn** (varkenspoot) of **hendl** (gebraden kippetje) op. Restaurants en fijnproevers hebben hun eigen 'kookbier': donker bier voor een biersaus bij 'surbraten' (pekelvlees), een witbiersaus bij een malse lamsrug onder een korstje van kruidenkwark, en een **pilssaus** bij een gebraden parelhoenborst met spinazie. Zware bieren zijn ideaal om als marinade voor een 'ochsentafelspitz' (gekookt rundvlees) te worden gebruikt. In **bierwurzelsud** sudderen kalbshaxen (kalfspoot), en in brooddeeg van bierdraf blijft gebakken ham malser. Zelfs toetjes kunnen het in Beieren niet zonder bier stellen: ijskoude 'himbeercharlotte' met schuimige bierlikeursaus of ijskoude 'bockbiersabayon'. En in het brouwerijrestaurant Aying is er zelfs **bieramisu.**

Bier en spijs

Eruit gevist

Bier maakt hongerig, en zijn eigen volmondigheid biedt het hoofd aan zwaar eten. Maatjes passen er heel goed bij en zwemmen graag in dit nieuwe biervijvertje. Ze bevatten zo veel goede voedingsstoffen voor de lever, dat ze samen na een lang drinkgelag ook heel deugdelijk zijn voor het ontbijt erna.

Erin geluisd

Stevig gezouten plakjes rammenas of brosse bolletjes radijs liggen niet zwaar op de maag, maar bevorderen de dorst. Geen wonder dus dat ze in biergartens bijna niets kosten.

In de saus zitten

Elk bier heeft een eigen karakter en sommige koks werken er graag mee. Bij het inkoken worden de specifieke aroma's gebundeld en gaan op in de saus die interessant hoppig aandoet of moutiger uitvalt als hij meer verhit wordt.

Op scheut gaan

Stevig gebraden varkensvlees met gebakken aardappels wordt nog lekkerder door er een scheut bier aan toe te voegen, omdat het mout in de braadjus of boven op de korst alnaargelang de hitte en braadduur in een pittige zoetheid wordt omgezet. Uiteindelijk hangt dit wel van de biersoort af – en net zo belangrijk is het bier dat erbij gedronken wordt.

Excentrieke

Niet alleen hop en mout verlenen **water** een heerlijke smaak. Vóór men meer wist over gisten, werd bier 'gekruid' met de schors van eiken, gagel of sleedoorn. Naarmate bier steeds zuiverder en helderder werd, nam ook de wens toe om zijn eigen zoetheid te

Kersen op sap

Fruitig-aromatische bieren doorlopen hetzelfde proces als gewoon bier, maar smaken met 'lemon' erin naar limonade, in Kriek naar kersensap, in CB naar (hennep)roes en in Halloween naar pompoenensoep.

versterken door er een zoete grondstof aan toe te voegen. Bijna alle **vruchten** zijn er geschikt voor, zelfs koffie en cacao, en wrange citroen maakt hem 'Mexicaans'. Sindsdien experimenteren brouwers om te kunnen wedijveren met de Belgische fruitbieren.

bieren

Aan het gezonde hennepbier kwamen overigens uitsluitend legale industriële planten te pas.

Gaan met die banaan!

Na het appel-, peren-, mango-, kastanje-, oester-, koffie- en chocoladebier, kwam ook de banaan in de beslagton, omdat het lekker is – net als vroeger anijs, jeneverbes, karwij of laurierkers.

Omgekeerde wereld

Turfrookachtige gerst verleent een Schots whisky-bier zijn aroma's, honing maakt een Baltisch brouwsel zoet.

Lemon Shandy

Radler

Biercocktails die barkeepers naar hartelust met de losse hand creëren en doseren, worden steeds populairder. Bij de meest wordt de biersmaak op prettige wijze veranderd, bij sommige wordt alleen de alcoholische werking versterkt. De buitensporige namen van deze 'aangelengde' bieren zijn meestal aloud en regionaal afwijkend, maar zelden serieus te nemen.

Bier

Altbierbowle
Alt + cola + grenadine + blikvruchten

Amer Bière
4:1 Amer Picon + lime juice + koud licht bier

Bavaria
Licht bier + pepermuntsiroop + lime juice

Beer Breezer
Licht bier + wodka + tabasco + selderijzout

Beer Buster
Licht bier + wodka + tabasco

Beer Floatie
Licht bier + ijs + rootbeer + borrel

Beer, mexican style
Licht bier + zout + citroen

Beer-A-Lade
Licht bier + gatorade + maple syrup + tabasco

Beeraquirilla
Licht bier + tequila + rum + Daiquiri- + margarita-mix + ijs

Beerdriver
Licht bier + wodka naar believen + sinaasappelsap

Benzin, Beer Buster
Licht bier + wodka

Berliner Weisse mit Schuss
Berliner Weisse + vruchtensiroop

Berliner Weisse mit Strippe
Berliner Weisse + vruchtensiroop + jenever

Billiger Jakob
Licht bier + sekt

Bismarck
Dunkles + droge sekt

Black & Tan
Guinness, stout + pale ale of licht bier

Black & Red, Black & Sweet, Black Cherry
Guinness + kriek

Black Brother, Deat, Monk
Guinness + trappistenbier

Black Fog
Stout + frambozen-likeur

Black Russian
Guinness + wodka

Black Silky Knickers
Guinness + whisky + Dry Blackthorn

Black Velvet
Guinness + altijd champagne

Black Velvet 2
Licht bier + rum

Black Velveteen
Licht bier + cider

Boiler Maker
Licht bier + whisky

Brown Betty
Ale + brandewijn, heet met toast

Chti'cass
Licht bier + cassis

Churchill
Licht bier + Campari

Cythum
Licht bier + jenever

Diesel
Licht bier + cola

Diplomat
Dunkles + champagne of sekt

Dog's Nose
Bitter Ale + gin

Golden Cream
Guinness + vanille-ijs (eerst Guinness!)

Green Wave
Scheutje wodka + 2 cl Blue Curaçao mengen, met licht bier opvullen

Guinness Cooler
Dubonnet + kahlua + cointreau met Guinness opvullen, schuimig slaan

Isarwasser, Isarmaß
Weizenbier + Blue Curaçao + appel- of sinaasappelsap

Jean Bière
minstens 1 cl cognac met licht bier opvullen

Krefelder
Altbier of licht bier + cola

Kutschertrunk
1:2 Vermouth rosso + Campari + Angostura met exportbier opvullen

Lady's Beer
1 cl rum + 1 cl kersensap + 6 cl slagroom met bokbier opvullen

Lager-Lime
Lager + lime juice

Lemon Shandy, Radler, Alsterwasser
Licht bier + citroen-limonade

Männertreu
Licht bier + cola

Mitternacht, Midnight, Velvet Pussy
Guinness + portwijn

Nord Express
Licht bier + cassis + lime juice

Poor-man's Black Velvet
Guinness + cider, ook met cassis

Purple Meany
1:1 Guinness + bitter + aalbessenlikeur

Rafraichissement
5:2 Witbier + sekt

Russ
Weizenbier + citroen-limonade

Shandy Gaff
Licht bier + ginger ale

Snake Bite
Licht bier + cider

Tango Panaché
Licht bier + citroen-limonade + grenadine

Towarisch
Sap van een halve citroen + 4 cl wodka met 0,3 l zwaar bier opvullen

Tulip
Licht bier + jenever

Uit overmoed

Het moet niet altijd champagne zijn. Hier giet Giovane Elber van FC Bayern München overschuimend van vreugde spontaan zijn trainer Ottmar Hitzfeld een groot glas bier in zijn kraag. Bij gebrek aan magnumflessen moeten er dan bekers of reuzenglazen aan te pas komen. Overigens: bier is goed voor het haar en heeft bij consequente uitwendige toepassing wel degelijk een positief cosmetisch effect.

Bierschuim: een gezon

de teug voor het haar

Het effect van inwendig gebruik van bier is algemeen bekend – het uitwendige blijft meestal buiten beschouwing. Kenners adviseren een bier als shampoo waardoor het haar weer krachtig wordt, glans en volheid krijgt. Natuurcosmetistes doen een eigeel in 50 ml bier, voegen een eetlepel rum toe voor de doorbloeding en ronden het recept af met drie druppels kamilleolie. Bier bevat zo veel vitamine B en naast de talrijke mineraalstoffen ook nog veel proteïnen dat je zelfs van dik bierschuim gezichtsmaskers kunt maken. Voor inwendig gebruik van de geconcentreerde vorm bestaat ook grote belangstelling. Biergist in pilletjesvorm ronden het vitamineprogramma perfect af. Biergist is krachtvoer voor de lever, rustgevend voor de huid, bevordert de stofwisseling en slaat en passant ook nog even alle muggen op de vlucht; in bier zelf steekt dus genoeg.

In gistvorm

Biergisttabletten doen wonderen voor het lichaam, zijn ware huiddokters, darmzuiveraars en vitaminerijke voedingssupplementen.

Als capillaire kuur

Biershampoo voorziet fijn en zacht haar van proteïne en vitamine B, werkt ontspannend op de celmembranen van de vermoeide haarhuid en geeft het haar weer glans en volheid.

Fee

st vieren

Door het jaar heen en overal ter wereld komen bierfans elkaar tegen in tenten of bont getooide hallen om bier te proeven of – liever gezegd – pullen achterover te slaan. Er zijn veel regionale feesten naar het voorbeeld van het 'Oktoberfest' als paddestoelen uit de grond geschoten en naar Beiers voorbeeld gedecoreerd. Maar het evenement aan de Isar blijft onovertroffen.

Hier:

In januari/februari

Miami Beach World of Beer Festival
www.worldofbeerfestival.com

In maart/april

Olutfestivaali
in Helsinki/Finnland
www.aktivist.fi/olutfestivaalit

In mei

Weekend van het Belgisch bier in Brussel
www.beerparadise.be

Mondial de le Bière
in Montréal/Canada
www.festivalmondialbiere.qc.ca

Australian International Beer Festival
in Melbourne
www.beerawards.com

In augustus

Great British Beer Festival
als CAMRA-Event, meestal in Londen
www.gbbf.org.uk

Eind september

Oktoberfest
in München
www.oktoberfest.de

Cannstatter Wasen
in Stuttgart
www.wasen.de

Stockholm Beer & Whisky Festival
www.stockholmbeer.se

In oktober

Great American Beer Festival
Beer Tasting in Denver, Col./VS
www.beertown.org

In november

24-uur van het Belgische Speciaalbier
Beer Tasting in Antwerpen/België
www.24-uur.be

Juleølfestival
in Oslo/Noorwegen
www.interpost.no/nor-ale

Alcoholarm is bier met minder dan 1,5% vol. alc., alcoholvrije bieren bestaan niet ('alcoholvrij' heeft 0,5%, in Frankrijk zelfs 1% vol. alc.)

Aansteken, aantappen betekent, met Beierse aansteek (een tap in het vat slaan) een vat 'tot lopen te brengen' of bier- en koolzuurleidingen aansluiten

Bierfouten komen van schadelijke kiemen of is de rare smaak van azijn- of melkzuurbacteriën

Biertoevoegingen, zoals rijst, maïs, suiker zijn in de EU en ook elders toegestaan, maar in Duitsland geldt nog steeds het (vrijwillige) reinheitsgebot

Bitter is de typische smaak, maar mag alleen van hop afkomstig zijn. Eiwit- of gistbitter kan een bierfout zijn

Bloem is in Duitsland net als 'kroon' of 'hoed' een synoniem van schuimkraag

Bovengistend heet de oude brouwmethode bij 15–20°C met spe-

Dorst naar kennis

De waard weet niet alles, het bieretiket verraadt niet alles, maar na elk bier heeft de drinker weer wat nieuws geleerd. Wat vaststaat, dat proef je ook of meen je te proeven.

Mooi rond

In de pragmatische brouwwereld is technische ontwikkeling heel belangrijk. Dit soort gisttanks waren ooit zo modern als hightech tegenwoordig.

ciale giststammen (saccharomyces cerevisiae) die aan het einde van de gisting naar het oppervlak stijgen (Kölsch, Alt, Berliner Weisse, Weizenbier)

Dieetbier is een ondergistend bier met 4–5% vol. alc., weggegiste koolhydraten, droog en erg hoppig

Ecobier wordt regionaal gebrouwen van vrijwel chemievrije en genvrije grondstoffen

Festbier is een lekker bier met veel body voor speciale grote evenementen als het Oktoberfest in München

Genbier is op termijn waarschijnlijk onvermijdelijk, aangezien overal ter wereld met gemanipuleerde gisten, maïssoorten etc. wordt geëxperimenteerd

Gushing is het overschuimen van een zoeven geopend flesje of blikje bier, doordat het koolzuur door microbelletjes als het ware tot explosie wordt gebracht

IJkstreep is de ingegraveerde streep in een genormeerd glas, te hoog voor het nat, te laag voor het schuim

Koolzuur is het verfrissende aan bier; ontstaat bij het gisten samen met alcohol en is ook van oudsher het drukgas voor het biertappen

Longnecks zijn modieuze flesjes, bestaan sinds de jaren 80 en hebben een lange hals om heel lekker glasloos te pimpelen

Looistoffen stammen uit het bitter van het hopolie uit de vruchtkegels van de vrouwelijke bloemen van de hopplant

Malzbier of moutbier heet in Duitsland officieel 'moutdrank' (inofficieel Ammenbier); is een gezoet bovengistend bier, maar wordt niet gegist (alcohol <0,5%) en is donker dankzij de toevoeging van suikerlikeur

Mass was het Oud-Beierse 'vaatje' voor 0,72 liter plus veel schuim, en thans wettelijk voorgeschreven voor 1 liter exclusief schuimkraag

Märzen is een traditioneel, zwaar maar lekker bier voor de zomer; wordt ook wel fest- of Oktoberfestbier genoemd

Ondergistend bier ontstaat bij 4–9 °C met giststammen (saccharomyces carlsbergensis) die na de gisting naar de bodem afdalen. Pas sinds eind 19e eeuw dankzij industriële koeling algemeen in gebruik voor langer houdbaar bier als lager, pils, export, bokbier, helles

Reinheitsgebot is door Hertog Wilhelm IV in 1516 in Beieren ingevoerd (voor bier alleen hop, gerst en water); wettelijk verplicht in heel Duitsland sinds 1906, in 1987 door de EU opgeheven, en sindsdien alleen nog facultatief

Sifon wordt de beugelfles met het oor genoemd; speciaal voor 'bierhalers'

Stamwort geeft het moutgehalte aan in ongegist bier. Zij varieert tussen 6% en 25%, die de gisten tijdens de gisting omzetten in ⅓ deel alcohol en ⅓ deel koolzuur, de rest blijft ongegist. Hoe hoger het stamwortgehalte, hoe sterker het bier (vuistregel: stamwortgehalte : 3 = vol.-% alc.)

Stein, Stein-Krug is de Duitse bierpul, vroeger van aardewerk, tegenwoordig van glas; vaak kunstzinnig versierd en een begeerd collector's item

Stikstof wordt in transportvaten, tapkasten, blikjes, flessen gebruikt om de inhoud eruit te persen, vervliegt snel en doet koolzuur ronddwarrelen

Vol.-% alc. is de procentuele aanduiding van zuivere alcohol in een liter bier

Finale

"De mond van een gelukkig mens is gevuld met bier", zeiden de oude Egyptenaren. In West-Europa was bier voor velen het teken dat God van de mensen hield en hun gelukkig wilde maken. Duitsers halen graag aan dat een bier dat niet wordt gedronken zijn beroep heeft gemist. Een Amerikaanse acteur gaf zelfs onomwonden toe dat hij geen krant of boek meer had aangeraakt nadat hij had gelezen wat de gevolgen van drinken kunnen zijn.

www-kennis

www.allaboutbeer.com
www.beerhunter.com
www.beerme.com
www.beerparadise.be
www.beertown.org
www.belgischebieren.nl
www.bierboerse.com
www.biersuche.com
www.brauer-bund.de
www.cambrinus.nl
www.camra.org.uk
www.deutschlands-brauereien.de
www.ibv1958.de

Fotoverantwoording

De dank van de samensteller en de uitgever gaat uit naar de archieven, bedrijven en fotografen voor de toestemming hun fotomateriaal te gebruiken en voor hun vriendelijke ondersteuning:

AKG 8 (lb), 9 (lo), 18 l, 51; action press 8 (ro); Prof. Werner Back 13, Günter Beer 54; Britain on View/ BTA 18 m, 64 (3), 65 (2); Budweiser Budvar 8 (mo); Bulls Press 68 o, 69 o; Gesellschaft für Öffentlichkeitsarbeit der Deutschen Brauwirtschaft e.V. 12 (2), 13 l, 18 r, 24, 25, 30/31, 32 (3), 58/59, 70 l, 84 r, 88 (o), 89 (o); Deutscher Fernseh-Dienst/defd 46, 60 (2), 61 (3), 83 o; dieKleinert/ Zimmermann 55; dpa 69 (rb); Florida State University 14/15; Lutz Hiller 2, 6, 7, 32/33, 37 r, 40/41, 50/51, 73 r, 84 l, 86/87, 96; Lutz Jahrmarkt 11 lb, 17, 35 r, 56 m, 65 m, 78 o, 79 o, 91 lb; Kloster Andechs 76/77; Peer Kugler 21 (2); RASTAL 36-39 (11), Redaktionsbüro Pini 10, 11 rb, 16 l, 22 l, 35 l, 44 b, 48 o, 77 (b), 82 (4), 83 (7), 94; Stockfood 18/19, 40, 41, 52/53, 63, 85, 88 (b), 89 (2), 92/93; Ullstein 9 (rb), 27, 90; Voller Ernst 8 (6), 9 (3), 40/41, 57, 69 r.

Bijzondere dank voor fotomateriaal en raad gaat uit naar: Air France, Association of Brewers/USA, Balik Räucheri, Bayerische Staatsbrauerei Weihenstephan, Bayern Tourismus, Beck's/Interbrew, Beer Can Collectors of America, Belgien Tourismus, Mario Babilon, Brasseurs Gayant, Brauerei Altenmünster, Brauerei Aying, Brauerei Schloss Eggenberg, British Airways, Peter Broeker, Budweiser Budvar, Büttenpapierfabrik Gmund, DIE KOELNER, Einbecker Brau-haus, Erdinger Weißbräu, Fachverlag Hans Carl, Flensburger Brauerei, Fuller, Guhl, Heineken Deutschland, Hofbräuhaus, Holsten Brauerei, IBV, Kirin Europe, Märklin, Mulberry, Pilsner Urquell, PRevent, Radeberger Gruppe, Riedel Glas, Rogue Ale, Rugenbräu, Schwester Doris Engelhard, Servicebüro Die Bayerischen Biere, Schussenrieder, signum[kom, Singha Deutschland, Skol, South African Brewers, Tuborg Deutschland, Unicer, unisono Markenkommunikation

De samensteller en de uitgeverij hebben tot het einde van de productie van dit boek heel intens gezocht naar alle andere eigenaars van de fotorechten. Alle personen en instanties die wij niet hebben gevonden, maar menen de eigenaar te zijn van de gebruikte foto's, worden verzocht contact op te nemen met de uitgeverij.